Molen- en Merentocht
met
toertochttips

Molen- en Merentocht
met
toertochttips

Bert Breed

Leiden
2011

Voor Ada Buijs, die mij op mijn levensweg veel zinvolle toertochttips heeft gegeven en voor Jaap de Gorter, zonder wie ik de Elfstedentocht van 1997 niet uit had gereden.

Schrijver: Bert Breed
Coverontwerp: Bert Breed
ISBN: 9789461930279
Uitgegeven via: mijnbestseller.nl
Print: Printforce, Alphen a/d Rijn
© Bert Breed

Proloog

De basis voor dit sportboek wordt gevormd door artikelen, die ik geschreven heb voor het clubblad IJskout van IJssport Vereniging Leiden en verhalen, die gepubliceerd zijn op mijn weblog www.bertbreed.blogspot.com.
Ik heb een keuze gemaakt uit meer dan 700 stukjes. Ieder stukje vormt een verhaal op zich. Er kunnen dus overlappingen voorkomen tussen de diverse verhalen. Deze kan ik echter niet weghalen, zonder het betreffende verhaal aan te tasten. Als u dus denkt, dat u bepaalde passages eerder in andere bewoordingen langs hebt zien komen, dan klopt dat.
Tussen de verhalen door treft u toertochttips aan. Als ervaren toerschaatser, die al jarenlang in training is voor de Elfstedentocht, heb ik een aantal zaken letterlijk en figuurlijk met vallen en opstaan geleerd. Ik hoop, dat u veel aan de toertochttips zult hebben als u weer eens op natuurijs kunt gaan schaatsen.
Al met al wens ik u zeer veel leesplezier toe. Vooral al mijn schaatsvrienden en trainingsmaten, zonder wie dit boek niet geschreven had kunnen worden....

Bert Breed

Houten haai

Het had vannacht weer eens gesneeuwd. Thuis lag een laagje verse sneeuw van een paar centimeter op de oude sneeuw, die er al lag. Hoe zou het op De Kaag zijn, waar we vanochtend hadden afgesproken? Om 9 uur belde Joop van Kleef, of we nog zouden gaan en of ik mee wilde rijden. Dat was inderdaad gemakkelijk en gezellig. Om even over half 10 werd ik thuis opgepikt. Bij het Vennemeer konden we de auto in een weiland parkeren. Om kwart over 10 vertrokken we met 11 personen.

Via de Kaagsociëteit reden we over het Norremeer naar Kaageiland, waar een telefoontje rinkelde. René Strelzyn werd weggeroepen en ging in zijn eentje terug naar het Vennemeer. Door de wind kwam op de grotere vlaktes het zwarte ijs half onder de sneeuw vandaan. Hierdoor schaatste het, ondanks de sneeuwbuien, waar we in reden, veelal makkelijker dan gisteren.

Met zijn tienen reden we over de Kever naar de Ringvaart tegen de forse noordoostenwind in. De stuifsneeuw, die voor gisteren was voorspeld, kregen we vandaag voor onze kiezen. Maar met Joop van Kleef en Bauke Dooper hadden we een tweetal schaatsers in onze gelederen, die tijdens de barre Elfstedentocht van 1963 van het ijs waren gehaald: dit was slechts Spielerei. Vanaf de Boerenbuurt reden we met een bocht naar Rijpwetering, waar Jan Versteegen en Richard Dieke doorschaatsten naar het beginpunt, terwijl wij in "De vergulde vos" wat eten en drinken namen.

Vanaf de Koppoel reden we met de wind in de rug naar Kaageiland, waar we de vin van een houten haai zagen: een ijszeiler was in volle vaart in een wak gegleden. Hij was veilig uit het wak, maar de houten bodem stak als de vin van een enorme haai uit het wak.

We kwamen Joris Raven tegen, die met ons mee schaatste richting Warmond. Dat was althans onze bedoeling, want op de Warmonderleede werd het ijs ter hoogte van de woonboten volstrekt onbetrouwbaar. Je moest trouwens goed op blijven letten. Her en der zaten kleine wakken op de Kagerplassen, vaak herkenbaar aan geel uitgeslagen sneeuwijs, maar soms ook doordat het ijs er juist dof zwart of grijs uit zag.

Tegen de wind in schaatsten we naar de Kaagsociëteit, waar Paul Verkerk, Andrea Landman, Robert Nozeman, Jos Drabbels en Jaap de Gorter het voor gezien hielden. Enkele leden van dit gezelschap moesten vanavond nog wedstrijden rijden op de Uithof.

Met de krasse knarren Bauke Dooper en Joop van Kleef reden wij nog door naar Hoogmade. De boerensloten naar Hoogmade waren stukken beter dan die naar Oud-Ade en Rijpwetering.

Na de lange kluunplek bij de A4 en de HSL kwamen we via de Boskade Hoogmade binnen. Het ijs op de Does was erg ribbelig.

In Hoogmade was het voor een zondagmiddag met natuurijs trouwens opmerkelijk rustig. Zijn de meeste Hollanders gewoon mooi weer schaatsers?

Dat was Arno Volwater in ieder geval niet. We kwamen hem op de Does tegen en we reden met hem mee naar zijn huis, waar we een Jägermeister aangeboden kregen. Met dit weer kostte het niet veel moeite om hem ijskoud te serveren. Via dezelfde route waarlangs we naar Hoogmade gekomen waren, reden we nu weer naar het Vennemeer. Onderweg kwam Bauke bekenden tegen, waarmee hij aan de praat raakte, zodat Joop en ik samen aankwamen bij de Watersportvereniging.

Toen de auto onze straat in reed, zag ik net mijn vrouw en een van mijn dochters naar de Schenksloot lopen. Na een paar boterhammen gegeten te hebben, volgde ik hun voorbeeld. Het was gezellig druk op de Schenksloot. Het had wel wat: hele gezinnen op de schaats, spelende kinderen, redelijk goed ijs en nog steeds wat sneeuwbuien.

Ongeveer anderhalf uur trok ik mijn baantjes: een kleine kilometer meewind, een zelfde afstand tegenwind, en mocht ik tussendoor ten behoeve van mijn in Spanje wielrennende zoon Siebe voor filmster spelen, terwijl ik tussendoor af en toe met bekenden kletste. Want schaatsen en gezelligheid gaan hand in hand!

Halen of falen?

Op zondag 4 februari 1996 kondigde de voorzitter van de Elfstedenvereniging aan, dat de tocht in 1996 niet door zou gaan. Het ijs was niet betrouwbaar genoeg voor 16.000 man. Met andere woorden: voor kleine groepjes was het prima te doen! Na druk telefonisch verkeer vertrok ik op maandagavond met Gerard Günthardt, de man van een collega, naar Leeuwarden, waar we bij mijn neef Robert Breed en zijn vrouw Karien konden overnachten. Op dinsdag 6 februari was het zo ver. Na meer dan 16 jaar getraind te hebben, stapte ik met Gerard en Robert om 6 uur op het ijs van de Zwettehaven. Om 9 over 6 begon onze Elfstedentocht. De baan op de Zwette was keurig geveegd en met 2 zaklampen in de hand reden we de door de volle maan beschenen nacht in. Halverwege Sneek waren we al door 2 andere schaatsers ingehaald. Hier verliet Robert ons: hij moest op tijd de trein halen om de kinderen naar school te brengen. Met het ochtendgloren bereikten we Sneek. Hier voor de eerste keer onderuit gegaan door een scheur in het ijs. Inmiddels reden we met 7 andere rijders richting Waterpoort. In Sneek was het ijs, in tegenstelling tot de Zwette, slecht. Vooral op het stuk waar schotsen in het wak waren gestort. De tweede stad, IJlst, bereikten we vrij snel. Over het werkijs reden we zuidwaarts. Langs de Wijde Wijmert lag veel grond metershoog. Een deel hiervan was op het ijs gewaaid en maakte het vrij stroef. In Woudsend namen we pauze om even wat te eten en te drinken. Ik zat op rozen. Dat had ik beter niet kunnen doen, want een doorn zat bij mijn pinknagel diep in mijn huid. Met een geleend pincet wist Gerard de doorn eruit te trekken. We reden al snel het Slotermeer op. Ook hier was het ijs als slecht te bestempelen.
Na over het kistwerk geklommen te zijn, reden we de route langs de oostkant van het meer. De borden "Levensgevaarlijk ijs" waarschuwden ons er voor om niet rechtdoor te gaan om zo

de kortste weg naar Sloten te nemen. Voor het eerst deze dag moesten we flink tegen de wind in beuken. De stuifsneeuw, die over het meer waaide, gaf aan, dat de wind harder was dan we in eerste instantie dachten. Doordat er op het ijs plekken waren, die 2 cm lager waren, alsof er voetstappen in het ijs stonden, kon je geen slag normaal af maken. Ik ging een keer lelijk onderuit en moest de rest van de dag met een blauwe schouder rijden. Na het meest oostelijke punt van het Slotermeer bereikt te hebben, werden we door de harde wind naar Sloten geblazen. We zagen 2 waaghalzen toch het meer oversteken. Wat moet je doen, als ze er doorheen zakken? Niets doen en je leven lang een schuldgevoel houden, of er wel naar toe gaan met de kans, dat je zelf door het ijs zakt? Dit dilemma werd opgelost, doordat de waaghalzen halverwege toch de veiligste route kozen. Na een rondje door het kleinste stadje van Friesland reden we met forse wind in de rug naar Balk, waar we onder het "ijstransplantatiebruggetje" door gingen om via de prachtige bossen van Gaasterland naar de Galamadammen te rijden. Ook hier was het ijs slecht. De hele weg naar Stavoren schaatsten we over zeer hobbelig ijs. In het keerpunt van de tocht moesten we midden in de haven klûnen! Om kwart over 11 hadden we een derde deel van de tocht erop zitten. Langs de IJsselmeerdijk gingen we noordwaarts. Gerard reed in een scheur en zou de hele dag zijn knie voelen. De harde wind begon zijn sloopwerk te doen. De voorspelde zuidoostenwind met maximaal windkracht 5 bleek een noordoostenwind met windkracht 6 te zijn. Taai doorzettend reden we naar Hindeloopen om daarna de wind vol op kop te krijgen naar Workum. Maar Bolsward lonkte, de helft van de Tocht der Tochten. Met een harde tegenwind en werkijs met af en toe grond er op om het nog wat zwaarder te maken, zwoegden we voort. Gerard en ik waren bekaf: de eerste inzinking van de dag. Om half 2 verlieten we Bolsward met in ons achter-

hoofd: "Wie Bolsward haalt, haalt de Bonkevaart". Vanaf Bolsward hadden we de wind stukken in de rug en soms van opzij op weg naar Harlingen. We reden zeer rustig om nieuwe energie op te doen. Onderweg kwamen we nog een paar Elfstedenrijders tegen, die ook door de wind gesloopt waren. Via Witmarsum en Kimswerd, langs het tv-wak en de langste klûnplek, bereikten we om 3 uur Harlingen, het tweede keerpunt van de tocht. We hadden er nu 125 km op zitten. Via de noordelijke route over Sexbierum reden we 16 km over de 8 naar Franeker. De harde wind begon zijn tol nu pas goed te eisen. Gedoseerd rijden was er nu niet meer bij. Zelfs met flink kracht zetten waren de slagen maar 1 á 1,5 meter, waar normaliter mijn slagen 4 á 5 meter waren. Het was letterlijk werkijs, met soms een stukje glijijs. In Franeker aten we de welverdiende erwtensoep en een stuk rookworst. Net buiten Franeker kwam voor ons beiden de man met de hamer. Van de ene slag op de andere vloeide alle kracht uit mijn linkerbeen. Mijn voet verkrampte. Op wilskracht reden we door naar Ried, waar we wat dronken. We hoorden hier, dat de wind nog sterker zou worden dan windkracht 7, die we inmiddels voor onze kiezen kregen, en dat op de Blikvaart zeer slecht ijs lag. Bij Berlikum aangekomen, na ruim 150 km schaatsen, gaven we ons verstand voorrang boven ons doorzettingsvermogen. Het was onverantwoord om met zijn tweeën op slecht ijs in het donker verder te gaan. We hadden nog "Another 45 miles to go".
We gaven op en liftten naar Leeuwarden. Met schaatsen in de hand heb je in Friesland zo een lift. Bij mijn neef Robert naar huis gebeld en daarna een flink bord macaroni verorberd. We waren zo moe, dat we nauwelijks uit de leunstoel op konden staan. We moesten de mensen van het Elfstedenbestuur gelijk geven, dat ze de tocht niet door lieten gaan. In het zuidwesten was het ijs niet betrouwbaar genoeg voor 16.000 mensen en

misschien nog evenveel zwartrijders. Bovendien kon onder veel bruggen slechts een smal paadje gevolgd worden, terwijl voor de rest de schotsen er soms als scheermessen bij lagen. Eén val en je kon gelijk naar het ziekenhuis. Of nog erger….. De volgende dag overheerste de kater: zo ver gekomen en het toch niet halen. Als de wind niet zo hard was geweest, hadden we het gered. Waren we 20 km verder gekomen, dan hadden we het op ons tandvlees gehaald. Maar gaandeweg kwamen ook de positieve gevoelens boven. We hadden een prachtige tocht gemaakt door het mooie Friese land. Voor Gerard was het de langste afstand, die hij geschaatst had. Zelf had ik in 1991 door 4 keer de Molen- en Merentocht vanaf Hoogmade te schaatsen al eens eerder 200 km gereden. Maar beiden waren we nog nooit zó diep gegaan. Met de wijsheid achteraf hebben de druivensuikers van Dextro, die we overdag regelmatig namen, fout gewerkt. De bloedsuikerspiegel wordt fors omhoog gegooid, zodat het eigen lichaam te weinig suikers gaat leveren. En de rookworst was helemaal funest. Er trekt zeer veel bloed naar de maag om het vet te verteren, en dat bloed zit niet meer in de benen! Het gevoel balen om het falen konden we 11 maanden later gelukkig al achter ons laten, doordat we toen beiden de Bonkevaart wel wisten te halen.

De lamme en de blinde

Der Lahme hängt mit seinen Krücken
sich auf des Blinden breiten Rücken.
Vereint wirkt also dieses Paar
was einzeln keinem möglich war.
(Ougenweide)

De vorm was er de hele herfst al. Na de mislukte Elfstedentocht van februari 1996 had ik harder getraind. De voorspelling van de Duitse meteoroloog Manfred Röder, dat we een koude tot zeer koude januari zouden krijgen, vond ik zeer geloofwaardig. Toen de vorst op de kortste dag ons land binnenviel, was ik er klaar voor. Twee dagen later reed ik al op de boerenslootjes in de Stevenshofpolder. Mijn voorbereiding, die traditioneel bestaat uit kilometers vreten, werd behoorlijk verstoord door een lichte buikgriep. Terwijl de kinderen over het ijs zwierden, zat ik bibberend en balend binnen. Klokje rond slapen deed echter wonderen. De volgende dag, oudjaar, reed ik zo'n vijftig kilometer. De dag erop werd de Elfstedentocht aangekondigd voor zaterdag of maandag. Met de weersvoorspelling in de hand werd het hopen op maandag. Zondag beloofde nl. een mooie, vrijwel windstille dag te worden, vrijdag een zeer koude, winderige dag. Het werd dus zaterdag. Dat betekende op vrijdag rijden. Jaap de Gorter had familie in Boksum, vlakbij Leeuwarden, wonen. Vervanging op mijn werk regelen, spullen pakken en om 20.00 uur trof ik Jaap op het station in Leiden. Via Schiphol reisden we naar Amersfoort. Hier bleek, dat we niet de enigen waren, die naar Ljouwert gingen. In de volle gang zaten we op onze tassen. De conducteur begreep, hoe je met sporters om moest gaan: hij bood ons aan in de eerste klas plaats te nemen. Met enige vertraging bereikte de trein Leeuwarden om 23.15 uur. Liesbeth (Jaap's nicht) bracht ons met de auto naar de boerderij in Boksum, een dorp onder de rook van Leeuwarden. Om een uur of 1 sliepen we in, terwijl de wind om de boerderij gierde. 3,5 uur later kleedden we ons dik aan, daar het een barre tocht beloofde te worden. Hier en daar een lik vaseline en om 5.00 uur zaten we aan het ontbijt. Bepakt stapten we met onze schaatsen al aan in de auto. Op de Zwette namen we om 5 over 6 afscheid van onze chauffeur Edser. Een groep van 9 andere schaatsers vertrok met 15 graden vorst gelijk met ons. In het donker reden we rustig over de Zwette naar Sneek, waar we door de forse wind binnen het uur waren. Een kwartier later passeerden we IJlst al. Achter 3 Friezen reden we zuidwaarts over het mooie glijijs naar het Slotermeer. Bij het kleinste Friese stadje namen we onze eerste eetpauze om 20 over 8. Om beurten op kop Met de wind in de rug reden we westwaarts, door het fraaie Balk en het mooie Gaasterland. Het vrouwtje van Stavoren naderden we over stukken grondijs en stukken mooi zwart ijs. Om half 10 hadden we al een derde van de tocht erop zitten en een tijdwinst van ruim een uur geboekt t.o.v. 1996. De tocht ging nu pas beginnen: tegenwind, windkracht 6. In een groep van zo'n man of 20 reden we lekker in de luwte mee tot het tempo ons te hoog werd. Om beurten kop nemend reden we in 3 kwartier naar Hindeloopen. In dezelfde tijd legden we de afstand naar Workum af. Een man, die zijn vrouw aan schaatsbeschermers voorttrok, was voor ons een prima windbreker. In Workum waren ze net aan het filmen voor het jeugdjournaal. Zowel Jaap als ik (met de ijspegels in mijn snor) werden kort geïnterviewd en gefilmd.

Intussen zaten we op weg naar Bolsward zonder groepje om mee te liften. Op het stuk tot Parrega namen we om beurten kop. De harde wind werd slechts gebroken door boerderijen en rietkragen. Tussen Parrega en Tjerkwerd konden we gelukkig weer bij een groepje aansluiten. Om 5 voor 12 kluunden we

Bolsward binnen. We waren op de helft. Met de wind zij in de rug op het grootste deel van het traject reden we via Witmarsum en Kimswerd naar Harlingen. We reden gelijk op met 2 anderen. Eén van hen had in 1956 en 1963 al de Elfstedentocht gereden. Hij was al 64 jaar, maar reed zeer soepeltjes mee. Om 1 uur waren we in Harlingen, waar we wederom koek en zopie namen. Het stuk tot Franeker ging over slecht ijs tot Weinaldum. In een groep van een man of 10 ging het behoorlijk hard tegen de wind in. Om 20 over 2 waren we al in Franeker, een tijdwinst van bijna 3 uur t.o.v. vorig jaar. Bij het verlaten van Franeker hadden we Jaap's vriendin niet op één van de bruggen zien staan. Psychologisch natuurlijk fout reden we toen terug. Jaap had uit het NRC een oud studentencafé gehaald, waar Carola op ons zou wachten. Het café lag niet aan de route, zoals in de krant stond, maar 500 meter landinwaarts. Ik ging in eerste instantie klûnend erheen, maar na 200 meter leek het me beter mijn schoenen aan te trekken. In het café troffen we Carola niet, maar wel een telefoon. Na wat gebel en met warm water in onze thermosflessen liepen we weer naar het ijs. Later bleek, dat Carola op het bruggetje had gestaan, waar we onder door waren gereden en aan de achterkant de kant op waren gegaan. Bij het uitrijden van Franeker reden we achter een groepje aan, dat net even te snel reed. Ik blies mezelf op en kreeg een inzinking op precies dezelfde plek als in 1996. Ik moest lossen en riep tegen de wind in naar Jaap, die het niet hoorde. Drie, vier kilometer knokte ik tegen de wind in tot ik Jaap bereikte, die op mij had gewacht. Op de rechte sloot naar Berlikum, waar de tocht het jaar ervoor voor mij eindigde, hield Jaap me keurig uit de wind, tot we bij een klein groepje konden aansluiten. Even wat gegeten en gedronken en weer verder. We maakten een bocht en kregen de wind even zij-mee. Heerlijk. Achter drie meiden reden we in een rustig, maar constant tempo vanaf Wier in oostelijke richting. De inzinking was aardig overwonnen. Maar onder een bruggetje kreeg ik door een verkeerde beweging een lichte krampscheut. Ik kon rustig meeschaatsen en 4 km verder voelde ik me zo goed, dat ik de kop over wilde nemen. Ik zette aan en schoot onderuit door kramp in mijn linkerkuit. "Dan moeten we nu stoppen", zei Jaap, terwijl hij mijn been oprekte. Een pijnscheut schoot door mijn been. "We gaan het gewoon proberen", zei ik, "afstappen kan altijd nog." Jaap nam me letterlijk en figuurlijk op sleeptouw. In een echt wandeltempo (wandelaars haalden ons in) begonnen we. Om de kilometer rekte Jaap mijn been, terwijl ik nog wat dronk. Na een kilometer of 5 kon ik weer schaatsen. Het begon inmiddels te schemeren, toen we een dorp naderden. "Is dat Bartlehiem?" vroegen we hoopvol. "Nee, dat is Vrouwenparochie. Bartlehiem is nog een kilometer of 10." Dus zwoegden wij voort. Jaap voorop, Bert in zijn kielzog. De duisternis was over het Friese land neergedaald, toen we licht in de duisternis zagen. De felle spotlights van Bartlehiem. Op de driesprong troffen we zowaar Carola aan. Dokkumer Ee We aten wat en met het gevoel "We gaan het redden" reden we de Dokkumer Ee op. Het was al 18.00 uur. We hadden de wind pal tegen. Tot Birdaard ging het nog, maar daarna begon de duistere tocht. Ik reed veelal achter Jaap, maar mijn ogen waren scherper in het donker. Constant moest ik Jaap bij de sneeuwrand dirigeren. Dit was het ergste stuk van de hele tocht. Vooral omdat de tegenliggers uit het donker vandaan over het ijs vlogen. Bonifatius werd in Dokkum vermoord, wij op de weg er naar toe. Maar aan alles komt een eind, zelfs aan de Dokkumer Ee. Plotseling boog de Ee en waren we in Dokkum, om 20 over 7. Er was geen koek en zopie meer, dus vroegen we aan een voorbijganger of hij even bij een huis aan wilde bellen voor warm water. Hij deed het en na 10 minuten reden we naar Bartlehiem terug. Even buiten Dokkum reed ik in een opgevroren sneeuwrand en Jaap dook over mij heen. Vanaf dat punt reden we een stuk langzamer. In Bartlehiem dronken we nog wat voor we aan de 3 km tegenwind naar Oudkerk begonnen. Om beurten namen we de kop. Halverwege begon mijn linkervoet te trillen: het begin van kramp of een inzinking. "Jaap, kun je me nog een stukje trekken?" vroeg ik en 300 meter slepen was voldoende om de stranding in het zicht van de haven te voorkomen. Bij Oudkerk kregen we de wind pal in de rug en reden we linea recta op Ljouwert af. Twee kilometer voor de Bonkevaart reed Jaap plotseling de kant in en kwam hij met zijn hoofd tegen een paaltje. De skibril was kapot, de gewone bril ietwat gebogen en hij had een sneetje onder de neus. "En nu rijd jij achter mij" zei ik en zo leidde de lamme de blinde naar de finish.

In de felle lichten reden we voor Henk Angenent over de finishlijn om 10 over 9. We hadden er 15 uur en 5 minuten over gedaan. En weer kwam het zinnetje van de juf uit de eerste klas mij voor ogen: "Bertje heeft nog geen doorzettingsvermogen." Alleen had ik het echter niet gered. Jaap de Gorter was vanaf Franeker een reddende engel voor me geweest. Liftend kwamen we in Boksum, waar we na een verfrissend bad, waar de bevriezingsblaren op mijn polsen te voorschijn kwamen, ons heel wat beter voelden. We hadden een barre Elfstedentocht volbracht, die voor ons was vastgelegd in het jeugdjournaal. De euforie won het van de vermoeidheid, want om half 6 stond ik weer aan de Zwette om te kijken naar de start van de wedstrijdrijders met daarbij de zoon van mijn nicht Jenny, Peter Baars, en de eerste toerrijders, wetend wat voor zware tocht zij nog voor de boeg hadden.

Eten

Eigenlijk zit hier geen verschil, zoals bij het rijden van een tocht door een natuurgebied of een georganiseerde tocht als de Molen- en Merentocht: je moet gewoon je eigen proviand meenemen. De meeste koek- en zopietenten verkopen vooral voedsel wat behoorlijk vet is, en dat heb je nou precies niet nodig als je aan het sporten bent. Kortom: je moet van te voren weten, hoe lang je gaat schaatsen en hoeveel voedsel je denkt te eten die dag. Te weinig meenemen is niet goed, want je kunt de bekende "hongerklop" krijgen. Als je honger krijgt, ben je te laat, de inzinking is dan meestal niet te vermijden. Te veel meenemen is ook niet handig, als je het in een rugzak meezeult tijdens een lange tocht: je sjouwt gewicht voor niks mee.

Allereerst de notie, dat (complexe) koolhydraten het beste voedsel zijn: ze verbranden minder snel dan suikers, maar bij het duurwerk, wat toertochten rijden toch is, vormen ze juist de beste energiebron. Daarnaast begin je redelijk snel parallel aan de koolhydraatverbranding, aan de vetverbranding. Deze gaat veel langzamer, daar vet moeilijker is af te breken als koolhydraten. Het is dus goed, om in de dagen, voor je gaat schaatsen, koolhydraatrijk voedsel te eten, zoals aardappelen, rijst, pasta (macaroni en spaghetti) en bananen. Vooral onder Elfstedentochtrijders is dit een bekend fenomeen: koolhydraten stapelen. Toch is dit slechts tot een bepaalde grens mogelijk. Daarna worden de koolhydraten gewoon omgezet in vet!
De reservetank met koolhydraten kan dus niet eindeloos gevuld worden. Dat betekent dan ook, dat er voedsel meegenomen moet worden, dat energierijk is, maar niet ieder energierijk voedsel is goed. Laat ik dit met een voorbeeld staven. In februari 1996 werd de Elfstedentocht afgeblazen, omdat het niet vertrouwd was voor duizenden mensen. Met andere woorden: kleine groepjes konden het wel gaan rijden. Met Gerard Günt-

hardt, de man van een helaas veel te vroeg overleden collega, ben ik hem gaan rijden.

Het ijs was slecht, we hadden de dag met de meeste wind uit gezocht met op een gegeven moment windkracht 7 tegen, terwijl het nog windkracht 8 zou worden. Ook nog te weinig training in zomer en winter, laat ik die fout bij mezelf zoeken, en voor het eerst in mijn leven moest ik opgeven. We kregen bij het verlaten van Franeker beiden een inzinking, zodat we bij Berlikum van het ijs stapten, nadat we hoorden, dat er zeer slecht ijs aan kwam, terwijl de duisternis net gevallen was.

Wat was er gebeurd in Franeker: we hadden allebei honger. Bij een koek- en zopietent kochten we een boterham met een lekkere warme worst. Dit was het domste, wat we hadden kunnen doen! Door de vette worst trekt er zeer veel bloed naar de maag, om al dat vet af te breken, en dat bloed zit dan niet meer in de beenspieren. Kortom: als je een inzinking wilt krijgen, is een warme worst een ideaal recept.

Daarnaast was ons voedsel overdag ook regelmatig verkeerd geweest. Gerard had Dextro druivensuikers meegenomen. Deze geven snel veel energie, dus elk uur namen we er wel eentje. Later hoorde ik van een sportdiëtiste, dat deze suikers een averechtse uitwerking hebben: de bloedsuikerspiegel wordt in korte tijd snel omhoog gegooid. Het lichaam reageert hier op door zelf minder suikers te "produceren" voor de verbranding. Met het nemen van dit soort "snelle suikers" benadeel je jezelf tijdens een lange toertocht dus enorm. Wij hadden die dag dus gewoon het verkeerde voedsel genomen!

Het jaar erop ontdekte ik vlak voor de Elfstedentocht Cyclon fruit, energierijke gel, speciaal geschikt voor duurtochten. De aardbeienssmaak van de kleine plastic zakjes schoof je na het openen van het pakje als een soort jam in je mond en je kon zo weer een uur schaatsen.

De Elfstedentocht heb ik met Jaap de Gorter uitgereden, dus ik was meteen verknocht aan Cyclon fruit. Een paar jaar later verdween dit merk helaas uit de handel, maar ik heb een alternatief gevonden: Squeezy. Volgens de verpakking: gel met koolhydraten voor snelle energie opname. Je kunt er minstens een half uur op sporten. Ik heb het gebruikt bij de Alternatieve Elfstedentocht op de Weissensee, tijdens de Wintertriatlon en de marathon en ik kan zeggen: het werkt goed.

In principe zou je hier dus een Elfstedentocht op kunnen rijden, maar je lichaam heeft ook behoefte aan "vast voedsel" in de maag. Dus moet je dat gewoon doen.

Welnu, hier dan wat ervaringen, zowel positieve als negatieve.

Banaan. Meestal neem ik één banaan mee. Deze eet ik meestal als eerste op, daar de smaak er meestal niet beter op wordt als het langer in de vrieskou geweest is. Banaan is koolhydraatrijk!

Mueslirepen. Deze zijn lekker, compact en energierijk. Ze hebben echter één nadeel: met vorst worden ze keihard. Een paar jaar geleden nam ik op de terugweg van de Zevenheuvelenloop met temperaturen rond het vriespunt een keihard geworden mueslireep. De volgende ochtend zat ik bij mijn tandarts: er was een hoek van een kies afgebroken! Mueslirepen dus alleen doen, als je ze zo warm kunt bewaren, dat ze nog redelijk zacht blijven.

Brood: boterhammen met honing. Erg lekker. Nadeel is wel, dat de honing in het brood trekt, zodat je vingers kunnen gaan kleven. Niet zo lekker in je handschoenen!

Boterhammen met kaas: op zich lekker. Kaas heeft het voordeel, dat er zout in zit, dus een compensatie voor het met transpireren verloren zout, maar het nadeel, dat het ook vet is. Af en toe een boterham met kaas is prima, maar niet een paar achter elkaar.

Boterham met worst: niet doen.

Boterham met pindakaas: zal ik niet adviseren.
Krentenbollen/mueslibollen: prima. Vooral minikrentenbollen zijn erg handig.
Chocoladerepen, Marsen e.d. niet doen, tenzij je graag naar de tandarts gaat….. Deze repen worden keihard, net als de mueslirepen.
Bounty. De uitzondering. De cocosvulling blijft lekker zacht, ook bij temperaturen ver onder het vriespunt. Als je een zak Bounty mini's koopt, kun je er net zo veel bij je steken als je denkt nodig te hebben.
Gevulde koek: eventueel kun je er een keer eentje kopen bij een koek- en zopietent. Maar daar zou ik het verder bij laten.
Tot slot de belangrijkste tip: je kunt beter regelmatig kleine hoeveelheden eten, dan een paar keer een grote hoeveelheid, want dan gebeurt hetzelfde als met het eten van een vette worst: er trekt veel bloed naar de maag voor het verteren van dat voedsel.

Drinken

Als je een toertocht gaat rijden, is eten en drinken noodzakelijk. Een auto rijdt ook niet zonder brandstof, hetzelfde geldt voor je eigen lichaam. Nu hangt het er erg van af, waar je gaat schaatsen en daarnaast van hoe lang over wat je mee moet nemen.

Ga je een ouderwetse Molen- en Merentocht rijden, dan kun je met betrekkelijk weinig proviand toe: er zijn genoeg koek- en zopietenten langs het 50 kilometer lange parcours langs Roelofarendsveen, Hoogmade, Oud-Ade, Rijpwetering en de Kaag.

Voor de IJVL-leden onder de 20 jaar: vroeger bevroren de sloten, rivieren, plassen en meren in onze omgeving met enige regelmaat, zodat tienduizenden schaatsliefhebbers uit onze regio deze fraaie tocht regelmatig konden rijden.

Ga je echter, en dat is de praktijk van de eerste 7 jaar van deze eeuw, naar een natuurgebied als de Oostvaardersplassen op die ene dag in het jaar dat " It net kin", dan zul je zelf voor je eigen bevoorrading moeten zorgen. Je kunt er niets kopen! Dus dan moet je precies weten, wat je die dag nodig hebt.

Nu heb ik in ruim 36 jaar toertochten rijden wel enige ervaring opgedaan met wat je wel mee moet nemen, en wat beslist niet, en hetzelfde geldt voor wat je onderweg koopt. Met schade en schande wordt men wijs.

Allereerst het drinken. Het is altijd handig, om een kleine thermoskan met warme thee mee te nemen. Deze kan in een kleine rugzak mee tijdens het schaatsen. Je hebt dan altijd wat te drinken bij je, en het is bovendien nog lekker warm tot op een gegeven moment lauw. Als je dranken van deze temperatuur drinkt, heeft het als grote voordeel, dat het lichaam het niet eerst op de juiste temperatuur hoeft te brengen. Er gaat geen energie verloren in je maag, die het lichaam beter op een andere plek (benen!) had kunnen gebruiken.

Je kunt trouwens ook beter vaak kleine hoeveelheden drinken, dan een paar keer grote hoeveelheid. Maar zorg, dat je blijft drinken. Als je alleen nog maar koude drank hebt, kun je beter dit drinken dan niets. De man met de hamer komt het eerst de dorstigen bezoeken. Het water, dat je binnen krijgt, zorgt er voor, dat het melkzuur, dat je spieren produceren, wordt afgevoerd. Als er te weinig vocht is, blijft het melkzuur in de spieren en is een inzinking of zelfs kramp niet ver meer weg.

Als je 's zomers een fietstocht maakt in het tempo, wat je 's winters aanhoudt bij een toertocht, en je hebt een katoenen t-shirt aan, dan weet je, hoeveel vocht je verliest door transpiratie. Die zelfde hoeveelheid vocht verlies je ongeveer bij het schaatsen, dus dat moet aangevuld worden.

Denk echter niet, dat je niet te veel kunt drinken. Dat kan namelijk wel! Zelf heb ik dat een keer bij de hand gehad bij een "tocht" op de Uithof over 200 km. Na 110 km viel ik over iemand, die op het rechte eind pal voor mij onderuit ging. Door de val slaat de verzuring in één keer toe en ik had meteen een inzinking. Als je een inzinking of kramp hebt, helpt drinken over het algemeen zeer goed. Er worden afvalstoffen uit de spieren afgevoerd. Ik heb het blijkbaar te enthousiast gedaan, want ik kwam de inzinking niet te boven, dus dat was nog 90 km harken.

Vorig jaar kreeg ik een artikel onder ogen, dat te veel drinken mogelijk nog slechter is dan te weinig. In Amerika is het verplicht om bij een marathon om de mile (1,609 km) een drinkpost te hebben, in Europa om de 5 km. Wat bleek: in Amerika komen veel meer mensen in forse fysieke problemen door te veel te drinken. Bij het zweten verliest het lichaam behalve water ook zouten. Als je dan alleen veel water drinkt, wordt de verhouding tussen zout in de cellen en water in het lichaam verstoord met alle nadelige gevolgen van dien.

We hebben dan ook een uitstekend middel om zowel vocht als zout binnen te krijgen: bouillon. Eén of twee keer op zo'n dag

(afhankelijk van de lengte van de tocht) is een uitstekende middel om de zoutbalans te herstellen.
Uiteraard zijn isotone sportdranken prima geschikt. Probeer het wel zo in te pakken, dat het niet al te koud is, als je het drinkt.
Een andere drank, die zeer geschikt is, is chocolademelk. Vooral warme chocolademelk heeft stoffen, die de pijn in het lichaam tegengaan, zodat je minder snel spierpijn hebt. Ga je naar plekken toe, waar je geen koek- en zopie kunt verwachten, neem dan een paar kleine pakjes chocomel mee. Ze zijn iets minder werkzaam dan de warme variant, maar ze hebben wel degelijk dezelfde werking.
Verder kun je onderweg soms snert kopen. Warme erwtensoep is behoorlijk voedzaam. Doe het echter niet te vaak. Het kan dan "zwaar op de maag" gaan liggen, met als gevolg, dat het bloed naar de maag trekt en zich dus uit de benen vandaan trekt, waar de spieren dus hun werk minder goed kunnen doen. Ga dus spaarzaam om met erwtensoep, anders wordt het inderdaad een "snerttocht".
Tot slot zijn er nog de energiedranken. Zelf heb ik op de Weissensee voor het eerst dit drankje geprobeerd, toen ik na 170 km een kleine inzinking had. Ik kreeg het van Paul Verkerk, die voorspelde, dat het over 20 minuten zou gaan werken. De cafeïne zou de vetverbranding op gang brengen, en inderdaad, na zo'n 20 minuten was de inzinking over en kon ik redelijk ontspannen de laatste ronde van 25 km rijden.
Een paar maanden later hoorde ik, dat je bij duursporten al snel, naast het verbranden van koolhydraten, begint aan de vetverbranding. Bij de training voor en tijdens de marathon zelf heb ik dus één of twee blikjes energydrink van Euroshopper genomen en de inzinkingen bleven achterwege. Een probaat middel. Voor wedstrijdrijders wel deze waarschuwing: na drie blikjes kun je positief bevonden worden, en dat is niet zo positief!

Het spreekt voor zich, dat je de lege blikjes, pakjes e.d. niet in de natuur achterlaat, maar meeneemt naar de eerstvolgende prullen- of vuilnisbak. Schaatsen doe je veelal in de mooiste natuur en dat moet na een schaatstocht natuurlijk geen halve vuilnisbelt zijn!
Na de tocht is het goed, om een hersteldrank te drinken. De bekende isotone sportdranken van AA, Aquarius of Extran voldoen natuurlijk prima, maar een alternatief is het bekende biertje. Het verloren vocht wordt gecompenseerd, terwijl ook de voorraad koolhydraten weer wordt aangevuld. De alcohol zorgt voor een verwijding van de bloedvaten en daardoor een betere doorbloeding en een snellere afvoer van afvalstoffen. Maar net als met het drinken van water geldt: overdaad schaadt! En doe het alleen NA het schaatsen, want bij schaatsen op natuurijs moet je constant geconcentreerd blijven en alcohol kan de rijvaardigheid beïnvloeden. Of kan ik hier beter spreken van de glijvaardigheid?

Molentocht

In de barre winter van '62-'63 was ik als zevenjarige in de ban geraakt van het schaatsen. Op de Hoofdvaart in Nieuw-Vennep leerde ik voor ons huis de beginselen. De slag had ik al vrij snel te pakken, zodanig dat ik op een windstille zondag twee keer naar Hoofddorp schaatste. Voor een zevenjarige is 20 km wel een dagtaak. De Elfstedentocht van dat jaar, met Reinier Paping als glorieuze winnaar, deed in mij het verlangen ontwaken ooit eens de Elfstedentocht te rijden. Een verlangen, dat met de jaren van Ard en Keessie toenam. De jaren '70 brachten voornamelijk kwakkelwinters, terwijl ik de kunstijsbaan nog niet ontdekt had. De schaatsconditie ging, na een tocht van 30 km als vijftienjarige hard achteruit.

In 1979 verhuisde ik naar Leiden en na een moeizame start op de Menkenbaan kwam ik in de winter op 34 km in tweeënhalf uur. Niet snel daarna viel de winter in en kon ik voor het eerst de Molentocht gaan rijden. Ik moest tot half een in de bibliotheek aan de Breestraat werken, waarna ik naar Hoogmade fietste, waar een tante van me woonde.

Bij tante Rie eerst wat gegeten en gedronken en om 2 uur vertrok ik van Hoogmade naar Roelofarendsveen. De eerste 10 km ging lekker. Ik maakte de klassieke beginnersfout om voor de wind als een Erik Heiden over het ijs te willen flitsen. Na het keerpunt tussen de kassen had ik al snel last van verzuring, zodat de terugtocht naar Hoogmade heel wat langzamer ging. Daarna volgde de moeizame tocht naar De Kaag. Nimmer waren de klanken van André Hazes mij zo welkom als die, die mij bij het keerpunt bij Kaageiland verwelkomden.

De zon was al aan het zakken, toen ik met de wind in de rug vertrok voor de thuisreis. Het zonlicht weerkaatste op de spiegelgladde ijsvlakte op het Kagermeer. Een schitterend gezicht. Wat minder leuk was, was dat de zon daarna onderging, zodat ik om 5 uur in het donker schaatste op voor mij onbekend terrein. In het begin waren er nog wat schaatsers, maar de laatste drie kwartier was ik de enige. Echt prettig vond ik het niet, terwijl ik toch al behoorlijk moe was. Vermoeid gleed ik om 6 uur Hoogmade binnen, waar tante Rie zich al ongerust begon te maken. De jaren daarna was er bijna steeds natuurijs. Wijs geworden startte ik telkens vroeg.

In 1985 haalde ik op de kunstijsbaan 39 km in twee uur, terwijl de verste afstand op de Molentocht 75 km was geworden. In dat jaar kwam totaal onverwacht de Elfstedentocht terug. Ik was echter net begonnen bij de bibliotheek in Katwijk, waar een heel introductieprogramma voor mij was opgezet, zodat ik het gewoonweg niet kon maken om er meteen een halve week tussen uit te knijpen. De paar dagen wachten met inschrijven als lid van de Elfstedenvereniging kostte me de mogelijkheid ooit nog "gewoon lid"te worden. De vereniging was vol en stelde een ledenstop in.

De bluf, dat in 1986 zwartrijders aangepakt zouden worden, weerhield me van de treinreis naar Leeuwarden. Een paar dagen later, op een mooie maar zeer winderige dag in maart, reed ik op de Nieuwkoopse plassen voor het eerst van mijn leven 100 km. Op mijn tandvlees haalde ik de magische grens. Het jaar erop reed ik met mijn vriend Joep Kapiteyn de Molentocht tweemaal achter elkaar, een week later haalde ik met mijn zwager Anton Buijs zelfs 120 km, ditmaal zonder inzinking. De Elfstedentocht werd op het laatste moment afgelast, zodat ik oudklasgenoot Peter Joosten, die in Leeuwarden woonde, af moest bellen.

In april 1987 las ik een advertentie van de IJVL, die met de zomertrainingen begon. Een gouden greep! De conditie ging met sprongen vooruit. De eerste de beste keer werd de verste afstand in 2 uur van 39 op 40 km gebracht en langzaam klom ik naar de topper van dat seizoen: 48 km. Voor "Afrika Nu" schaatste ik op de Leidse kunstijsbaan ruim duizend gulden bij elkaar, door 600 rondjes oftewel 120 km te schaatsen.

De volgende kwakkelwinters brachten als toppers 52 en 54 km, terwijl de 10 km in 20 minuten gereden kon worden. De vruchten van de zomertrainingen waren dus duidelijk. In januari 1991 was ik in de vorm van mijn leven. Na een seizoenstart van 50 km piekte ik op 56 km. En zie daar: natuurijs. Na op 7 februari mijn rijbewijs gehaald te hebben in een hevige sneeuwbui, waarbij je heerlijk stapvoets kon rijden en dus alle tijd had om alle handelingen volgens het boekje uit te voeren, en na op 9 februari Johann Olav Koss in Thialf het wereldrecord op de 5 km op 6.41 te hebben zien brengen, zou maandag 11 februari 1991 mijn grote dag moeten worden.

Om kwart voor 5 liep de wekker al af. Snel eruit, een berg brood snijden, een flink ontbijt nemen en om 6 uur bij 4 graden onder nul naar Hoogmade fietsen. Om half 7 was ik bij tante Miep en oom Wim. Een kwartier later waren de nieuwe Vikings ondergebonden en vertrok ik in het donker voor de tocht, die ik inmiddels al heel wat keertjes had gereden. Met een schouderlichtje vertrok ik over de geveegde baan van de Wijde Aa naar de kassen bij Roelofarendsveen. Het ijs tussen de kassen was heel slecht. Veel schotsen en nog meer scheuren. "Slim zijn, Bert" dacht ik, "nu ben je nog fris" en zodoende besloot ik het stuk tussen de kassen 4 keer te schaatsen. Om kwart voor 9 kwam ik de eerste andere schaatser tegen.

Bij het klûnen was een schaatsbeschermer kapot gegaan, zodat ik, terug in Hoogmade, de schaatsen even uit deed om in de schuur van ome Wim de beschermer met tangen te repareren. De eerste 50 km zat erop. Ik besloot nu alles eerst 4 keer te rijden, zodat ik nog 3 keer over de Wijde Aa reed. Om kwart voor 12 had ik zodoende al 80 km achter de rug, toen ik met warme thee in diverse Tupperware-bekers de brug van Hoogmade al klûnend passeerde.

In Hoogmade was het ijs ook bar slecht, net zo slecht als tussen de kassen. In een toeristentempo reed ik tussen de vele scheuren door. Het harmonica-model paste ik consequent toe: 4 keer heen, 3 keer terug, tot de volgende kluunplek. Dit deed ik tot ik bij de driesprong aangekomen was, waar de ronde om De Kaag begon.

Het was inmiddels begonnen te sneeuwen en tijdens de eerste ronde werd het al een heuse sneeuwstorm. Na het bar slechte stuk voor Rijpwetering, waar niet geveegd was en je geen meter normaal kon schaatsen, werd het echt poolachtig. De Kaag opdraaiend sloeg de sneeuw je in het gezicht. Je kon geen hand voor ogen meer zien.

De scheuren zag je ook niet. Het kleine paadje, dat was geveegd, moest ik dikwijls verlaten om anderen in te halen. "Als dit zo door gaat, red ik het nooit" dacht ik. De eerste ronde was een echte martelgang. Ik ben zeker 10 keer gevallen. Gelukkig luwde de sneeuwstorm hierna. Terug in Oud-Ade zag ik op een pas geveegde baan zeker 10 cm sneeuw liggen.

De volgende ronde om De Kaag ging gelukkig veel vlugger, doordat bijna iedereen gestopt was. Het stuk tussen Oud-Ade en Rijpwetering was met die extra centimeters echter zo slecht, dat ik in de derde ronde om De Kaag de man met de hamer tegenkwam. Alle kracht vloeide uit mijn benen op zo'n 170 km. Uit literatuur en eigen ervaring wist ik, dat ik nu veel moest drinken. Vier bekers ijskoud water, een boterham of 2 en vervolgens weer op pad. Bij een huis langs de vaart vulde ik de bekers weer met water, waarna ik aan de laatste ronde om De Kaag begon. De inzinking was inmiddels overwonnen.

In de schemering reed ik over de Kagerplassen, nu voorzien van licht en bekend met de ijsvloer. Om 20 voor 7 deed ik de schaatsen uit, 11 uur en 55 minuten na de eerste schrede. Door het slechte ijs en de dikke laag sneeuw was ik zo'n 40 tot 50 keer gevallen, maar ik had het volbracht. Ik had 200 km geschaatst! Een kinderdroom was werkelijkheid geworden: door 4 keer de Molentocht te rijden, had ik mijn eigen Alternatieve Elfstedentocht volbracht. En ik durf eerlijk te bekennen, dat het zonder die droogtrainingen van de IJVL niet was gelukt. En nu is het wachten op de enige echte Elfstedentocht, als lotend lid of als zwartrijder. Of op de volgende Molentocht natuurlijk.

Op een mooie Pinksterdag

Wie kent niet de openingszinnen
"Op een mooie Pinksterdag, als het even kon,
liep ik met mijn dochter aan het handje in het parrekie te kuieren in de zon" uit het gelijknamige lied van Annie M.G. Schmidt.
Nu was Eerste Pinksterdag in 2003 qua weer geen mooie dag, maar zeer wisselvallig, en van kuieren in de zon kwam niet veel terecht: er moest een marathon gelopen worden. Dit was te danken aan het lopen van de 10 kilometer tijdens de marathon van Rotterdam. Deze "10" was prima verlopen. Hans liep 44 rond en ik 44.20, mijn op één na beste tijd. Gezeten op een zonnig terrasje ter hoogte van de finish van de marathon met een Palmpje kwamen de wilde plannen naar boven: zullen wij ook niet een keer aan de marathon meedoen? Al filosoferend kwamen we uit op de marathon van Leiden, die dit jaar een nieuw parcours had: twee ronden van 21 kilometer. Als je halverwege voelde, dat het niet meer zou gaan, kon je op dat moment stoppen. Een halve marathon lopen is ook een prima prestatie.
In de rest van april kwam er niet zoveel van extra trainen. Hans had inmiddels besloten om gewoon de halve te lopen, maar in mijn bloed was het toch wel behoorlijk gaan kriebelen.
Op 9 mei begon voor mij de intensieve looptraining: op vrijdagavond 15 kilometer, een dag rust, op zondagochtend weer 15 kilometer, waarbij ik Sjaak Stuijt uit mijn trainingsgroep tegenkwam, die ook aan het trainen was voor de marathon. Hij was al in januari begonnen met trainen. Maar goed, wat verwacht je anders van iemand, die als wethouder vooral uitblonk in het afhandelen van lopende zaken.
Met een tijd van 3 uur 29 zou Sjaak Stuijt op Eerste Pinksterdag een werkelijk fenomenaal debuut beleven op de klassieke afstand.
Dinsdag was de eerste droogtraining, donderdagochtend weer

15 kilometer en op zaterdag 17 mei kwam de eerste echte vuurproef. Ik zou met Hans een lange afstand lopen. Hij had niet zo veel tijd door zijn werk, dus hij stelde voor, dat ik naar Stompwijk zou lopen, dat we daar een rondje zouden lopen en dat ik vervolgens weer terug zou lopen naar de Stevenshof. Dit leek me een goed voorstel. In een bewust laag tempo liep ik naar Stompwijk, vandaar liepen we een rondje om langs de Noord-Aa naar Zoeterwoude, waarna ik richting Vlietlanden liep en Hans terug naar Stompwijk. In 3 uur 15 had ik bijna 30 kilometer achter de kiezen, zonder inzinking. De volgende dag kon ik nog gewoon traplopen.

Om met Ollie B. Bommel te spreken: " 'k Wist niet dat ik het in mij had".

Ik had niet alleen fysiek, maar vooral ook mentaal een flinke stap voorwaarts gezet. Een marathon is vooral ook een mentale afstand. En mentaal voelde ik me beresterk. Tegenslagen? Wat tegenslagen? En als de kop van binnen fris is, lukt ineens van alles, en kun je veel meer aan, dan je zelf dacht. En zo zie je maar weer: mentale training is een integraal deel van de training. Het koppie moet in orde zijn om fysiek door grenzen heen te gaan, omgekeerd wordt je, als je fysiek meer aankan, mentaal ook sterker.

De week erna nog één keer 30 kilometer getraind. Van de Stevenshof naar Den Deyl gelopen, waar ik Hans oppikte. Samen liepen we naar Wassenaarse slag, vandaar over het strand naar Meijendel en via de duinen naar de Kieviet. Over de landgoederenroute liepen we weer naar Den Deyl terug. Dit rondje van 20 kilometer ging ik een hoger tempo. Via Voorschoten liep ik daarna alleen naar huis. Ondanks het hogere tempo: geen inzinking.

De laatste twee weken "rust nemen", dat wil zeggen 3 keer een kilometer of 12 lopen. Ik was er klaar voor.

Toch werd het nog even spannend, of ik de marathon zou kunnen lopen. Het weer dreigde roet in het eten te gooien. Het zou op 8 juni wel eens te warm kunnen worden, terwijl er ook onweersbuien zouden komen, met andere woorden: de hele marathon zou wel eens afgelast kunnen worden. Gelukkig barstte de bui om 11 uur los, terwijl Hans en ik bij Jaap de Gorter aan de Nieuwe Rijn waren in afwachting van het startschot. De regen kwam met bakken uit de hemel, het bliksemde en donderde, maar om 12 uur was de bui overgetrokken en konden wij ons naar de start begeven.

Om kwart over 12 werden we weggeschoten. In een rustig tempo vertrok ik. Op de Lammenschansweg kwam ik mijn oudste zus Annie tegen.

Dennis, de zoon van Annie, liep de halve. In een rustig tempo ging ik in de meute mee over de Vrouwenweg, één van de hoogtepunten van de marathon. Ook Zoeterwoude was erg gezellig, daarna volgden de weilanden en de Vlietlanden, voor we bij Voorschoten een rondje door het centrum mochten lopen. De publieke belangstelling viel hier erg tegen.

Hier lag het 10 kilometerpunt: 58 minuten. Dit betekende, dat ik iets te snel vertrokken was.

Met de 3 minuten aftrek, voor ik aan de startstreep was, kwam ik uit op 1 kilometer voorsprong op mijn schema van 10 km per uur.

In hetzelfde tempo ging ik door, ondertussen bij elke drinkkraam 2 AA-tjes en een beker gewoon water drinkend. Doordat het af en toe regende, was de luchtvochtigheid heel hoog, zodat je nauwelijks kon transpireren. Het vocht moest toch afgevoerd worden, zodat ik tijdens de marathon als wildplasser een veelpleger was. Ik heb minstens 15 keer een boom opgezocht.

Langs de Korte Vliet nam Jaap een paar actiefoto's, waarna de Stevenshof kwam. Hier stond Jos Drabbels met Extran klaar alvorens hij naar Schotland op vakantie zou gaan. Honderd meter verder kwam ik Ada tegen. Alles liep nog op rolletjes. In het Morskwartier begon ik echter mijn linkerkuit te voelen. "Niet nu al" schoot er door mijn hoofd. Getemporiseerd, en alle mentale hulpmiddelen gebruikt: schietgebedjes, positief denken en vooral ook: gewoon doorgaan. Na een paar kilometer was de lichte pijn verdwenen en bij de zeer feestelijke Jacob Catslaan kon ik weer gewoon lekker soepel verder.

Bij de Morspoort werd ik aangemoedigd door Evelien, een collega, om vervolgens over de Breestraat te lopen, waar ik Annie nogmaals tegenkwam. Vlak voor de finish van de halve marathon zag ik een euro op straat liggen. Even gestopt en opgeraapt. De eerste keer in mijn leven, dat ik geld verdien met hardlopen. De halve marathon was volbracht in 2 uur 8 minuten, dus 2.05 reële tijd, mijn langzaamste halve marathon.

De tweede ronde was nagenoeg dezelfde route. Hans, Jaap en Juul stonden bij de Steenschuur met krentenbollen klaar. Hans had een prima tijd: onder de 1.40. Zelf liep ik nu regelmatig met een Pool op. Nu is mijn Pools ook niet meer wat het geweest is, dus de conversatie verliep grotendeels in het Engels.

Op de Vrouwenweg zat Carl Flaman met zijn knie ingetaped en zijn been omhoog. "Anders had je zeker wel met mij meegelopen?" was mijn retorische vraag. Vlak ervoor had een vrouw mij nog toegevoegd: "Jij gaat het halen. Het ziet er nog zo soepel uit" en zo voelde het ook. Tot het 30 kilometerpunt bleef dat ook zo. Met 3 uur 8 minuten op de klokken lag ik nog steeds op schema.

Toen begon mijn linkerpees achter mijn linkerknie op te spelen: overbelasting. Het tempo een beetje teruggeschroefd en gewoon doorgaan. Tot het 35 kilometerpunt kon ik gewoon door blijven lopen. Toen voelde ik, dat ik tegen de kramp aanzat, afwisselend in bovenbenen en kuiten. Daar ik nog anderhalf uur

had om op tijd binnen te komen, schakelde ik over op een schema van twee minuten wandelen, twee minuten lopen. Zo kwam ik weer in de Stevenshof. Twee dochters waren me tegemoet gefietst, terwijl Ada op het afgesproken punt weer op me stond te wachten. Om Jan Campert te parafraseren:
"Wat kan een man, oprecht en trouw
nog doen in zulk een tijd?
Hij kust zijn kind, hij kust zijn vrouw
en strijdt de ijdele strijd."
Als lichaamskracht ontbreekt, komt het op mentale kracht aan. Ik zat inmiddels in de achterhoede, met mensen van mijn niveau. Alleen doorzettingsvermogen en het doseren van de laatste energiebronnen zouden ons bij de finish brengen. De zon was inmiddels doorgebroken en het was ineens 10 graden warmer, dus de laatste loodjes waren nog iets zwaarder dan ze al waren. De publieke belangstelling was minimaal geworden, maar als je dan door de Jacob Catslaan komt, krijg je toch wel weer een kick. Op het tandvlees kwamen we bij de Morspoort voor de laatste kilometer. Die wil je hardlopend afleggen, maar zelfs daar moest af en toe een stukje gewandeld worden.
Met 4.41 en nog wat op de klokken kwam ik over de finish. De officiële tijd zou 4.38.30 worden, een 310e plaats. Maar de tijd was niet belangrijk. Met een medaille om mijn nek en een biertje, dat Jaap voor mij geregeld had, voelde ik mij vooral geestelijk prima: ik had het hem toch maar mooi gelapt. De marathon is vooral ook een mentale afstand.
De lichamelijke schade viel mee. Donderdags kon ik weer normaal traplopen. Het meeste ongemak had ik van mijn kruis. Ik had een gewone onderbroek onder mijn sportboek, en door het vele vocht was dit gaan schuren, zodat mijn liezen aan beide zijden open schaafwonden hadden. Een volgende marathon doe ik in ieder geval geen katoenen ondergoed aan.

Verder ga ik volgende keer iedere brug, viaduct of tunnel het klimmen vanaf de eerste kilometer wandelend doen. Juist het klimmen kost veel kracht als je het hardlopend doet. Er is veel winst te boeken in de laatste 7 kilometer. Maar dan zal ik me in de eerste 35 toch nog meer moeten sparen.

Dit debuut op een mooie Pinksterdag smaakt naar meer.

De Duitsers kunnen het dan zo mooi zeggen: "Die Planung hat gestimmt!"

En dan te bedenken, dat ik de marathon vooral zie als training voor de Elfstedentocht. Maar hoe leg je dat een buitenlander uit?

Voor de wind is iedereen een harde rijder

Dit stuk gaat over mentale training voor toertochtrijders. Er zijn een hoop misvattingen bij de term "mentale training". Het moet goed zitten "tussen de oren". Nogal wat mensen denken, dat dit iets is, wat je hebt of niet hebt, maar dat is een misvatting. Ook op het gebied van karakter en doorzettingsvermogen valt er een hoop te trainen. Ik zal hier trachten om de winst, die een toertochtrijder in het algemeen en een Elfstedentochtrijder in het bijzonder, kan halen uit de mentale training, duidelijk aan te geven. Denk niet, dat dit is aan komen waaien. Ook ik heb het met vallen en opstaan moeten leren en ondervinden.

Of, om met J.R.R. Tolkien te spreken in zijn meesterwerk "In de ban van de Ring": "Ik zal de Ring brengen" zei Frodo, "hoewel ik de weg niet weet."

Met de niet versagende hobbits als voorbeeld in het achterhoofd begeven we ons op het gladde ijs van de mentale training. En hierbij beginnen we meteen met de constatering, dat mentale training niet losstaat van de "gewone"training. Je kunt nog zo sterk zijn in je kop, als je niet traint op conditie en techniek, zul je niet ver komen. Je moet je dus en fysiek en mentaal trainen. In het Friese gezegde: "Voor de wind is iedereen een harde rijder" wordt al veel gezegd over mentale training. Uiteraard moet je van de omstandigheden profiteren als ze goed zijn, maar karakter wordt pas gevormd als het tegenzit of je er hard voor moet werken. En hier hebben we meteen het punt, waarom veel talenten, als het er echt op aankomt, het niet halen: er is hen te veel komen aanwaaien. Als je als junior alles wint zonder er veel voor te hoeven doen, dan word je gemakzuchtig. En als er dan echt gewerkt moet worden, is het vaak moeilijk om de knop om te zetten.

Zelf heb ik dit op een ander vlak meegemaakt. Als kind kon ik altijd goed leren. Het ging me op de lagere school zo makkelijk

af, dat ik zonder leren negens en tienen haalde. En als er iets is, dat lui maakt, is het optimaal resultaat zonder inspanning. Met deze verkeerde instelling begon ik aan de middelbare school. Pas nadat ik was blijven zitten, had ik me deze levensles eigen gemaakt: als je iets wilt bereiken, moet je er voor werken.
En daarmee komen we bij de harde werkers, de "trainingsdieren", die vaak later boven komen drijven. Zij hebben doorzettingsvermogen gekweekt en haken niet bij het eerste de beste zuchtje tegenwind af. Ze hebben vaak in hun jeugd op moeten boksen tegen schaatsers met meer talent en hebben al jong leren afzien en pijn lijden. En ze zijn er sterker uit tevoorschijn gekomen.
Nu is mentale training niet alleen weggelegd voor toppers of toppers in spé. Iedereen kan eraan beginnen en ongemerkt beginnen mensen er vaak al aan. Je moet het je alleen bewust maken om er optimaal profijt van te trekken.
Allereerst moet je jezelf doelen stellen. Pijn lijden is erg, als het zonder zin is. Maar als het onderdeel is van een training om iets te bereiken, dan is diezelfde pijn een stuk makkelijker te dragen. Stel wel haalbare doelen en deel dat doel in in haalbare stappen. Ik kan wel als doel stellen, dat ik een wereldrecord op de sprint wil halen, maar dat ligt niet in mijn vermogen. Daar begint dus de basis van de mentale training: je moet niet verder willen springen, dan je polsstok lang is. Maar door jaar in jaar uit te trainen, kun je hem wel langer maken.
Op basis van subdoelen ga je trainen om jezelf te verbeteren. Zelf ben ik pas echt met schaatsen begonnen, toen ik in 1979 in Leiden kwam wonen. De liefde voor het schaatsen was ontstaan in de winters met natuurijs. Pas nadat ik wekelijks naar de "Menkenbaan" ging, kwam de echte vooruitgang. Na een gewenningsperiode van een paar maanden, kon ik twee uur achter elkaar rondjes rijden. In die winter kon ik voor het eerst een

Molentocht van 50 km uitrijden. En dat is het voordeel van het begin: je gaat vaak hard vooruit. Het tweede en derde jaar is er ook nog vooruitgang, daarna blijf je vaak op een bepaald niveau hangen.

Toch was de trainingsmethode van wekelijks twee uur achter elkaar schaatsen niet zonder resultaat. Het lichaam wordt gehard, maar vooral wordt je er mentaal sterker van. Na zo'n anderhalf uur achter elkaar trainen, verandert de spijsvertering en staat de eerste jaren de man met de hamer klaar. Door dit wekelijks te trainen, kun je jezelf trainen om een inzinking te voorkomen of om deze snel te overwinnen.

Vaak lijkt het, alsof je op een bepaald niveau blijft hangen, maar als je gewoon blijft volharden in trainingsarbeid, kom je op een mentaal breekpunt, bijvoorbeeld de eerste keer dat je de 100 kilometer haalt. En het gekke is: als je een bepaalde afstand voor het eerst hebt gehaald, dan werkt dat vaak als een doorbraak. Van de 100 km schiet je makkelijk door naar de 120. Heb je eenmaal zo'n mentaal breekpunt bereikt, dan gaat de top als basis dienen voor nog betere prestaties.

Je bent dan in "the winning mood". Goede coaches weten hun pupillen vaak in deze stemming te brengen.

De basis is het zogenaamde "positieve denken". Als je immers denkt, dat je iets niet kunt, dan kun je het nooit! Omgekeerd geldt in het algemeen: je kunt iets alleen als je denkt, dat je het kunt!

Voorts, het is een open deur, maar daarom niet minder waar: doe waarin je goed bent en vooral wat je leuk vindt. Dan hou je het het langste vol. Vooral als je voldoende variatie in de training hebt en regelmatig nieuwe trainingsvormen uitprobeert. En eenieder weet: de aanhouder wint. Maar de aanhouder dient wel goed naar zijn lichaam te luisteren. Het is niet moeilijk om jezelf over de kop te trainen. De kunst is juist om optimaal te trainen, alles eruit te halen, wat er in zit, maar niet meer. Oud-wereldkampioen Harm Kuipers zegt: "Ik ben er van overtuigd, dat er meer talent verloren gaat door te veel dan door te weinig te trainen" en daar ben ik het volkomen mee eens. Het klinkt misschien gek uit de mond van een kilometervreter, maar het nemen van voldoende rust om te herstellen is een belangrijk onderdeel van de mentale training. Je kunt immers niet altijd diep gaan: kies deze momenten zorgvuldig, maar neem dan ook de rust, die daarbij hoort. Ook de geestelijke rust.

Verder: test jezelf regelmatig op het niveau, dat je met toertochten wilt hebben. Zelf probeer ik af en toe 200 km te schaatsen (wie liever die afstand fietst, dat kan ook) om lichaam en geest (weer) te laten voelen, wat het inhoudt, om de Tocht der Tochten te kunnen rijden. Het lopen van de marathon komt hier trouwens dicht bij in de buurt, zowel fysiek als mentaal. Maar leg dat maar eens aan een buitenlander uit: dat je een marathon loopt als training. Als stelregel kun je dus nemen: net zo ver fietsen als je wilt schaatsen, terwijl je met lopen de afstand door ongeveer 5 kunt delen voor hetzelfde effect.

Wie het zeer lezenswaardige boek "Mysterieuze krachten in de sport" van Joris van den Bergh heeft gelezen, weet dat hierin tal van voorbeelden te vinden zijn, waarin fysieke vermoeidheid door mentale frisheid in eigen voordeel omgebogen kan worden. Het sleutelwoord hierbij is concentratie. Hoe geconcentreerder je een oefening uitvoert, hoe beter dat is. Je kunt beter 1 oefening goed doen dan 2 afraffelen. Meestal houd ik me hier wel aan, maar 15 keer opdrukken.....

Eenieder, die mij na de training aan de bar ziet, zal het niet geloven, maar ik vind discipline heel belangrijk, en dan vooral zelfdiscipline. Gewoon altijd gaan trainen, weer of geen weer. Als je altijd alleen met mooi weer traint, train je jezelf alleen maar bij optimale omstandigheden. Tegenslagen overwinnen als het er echt op aankomt is dan extra moeilijk.

Een zeer goede oefening voor lichaam en geest is een flink stuk te gaan fietsen bij hondenweer. Tien of twintig kilometer bij windkracht acht: enerzijds bouw je met hard trappen tegen de wind in extra kracht op, vooral ook mentaal, terwijl je met wind in de rug een fantastische snelheidstraining hebt. Hetzelfde bereik je met hardlopen bij veel wind: gratis krachttraining en snelheidstraining, al naar gelang de wind staat.

Regelmaat en (zelf)discipline zijn onontbeerlijk voor het kweken van de juiste mentaliteit. Daarnaast werkt de hoeveelheid trainingsarbeid ook stimulerend: hoe meer je ergens in geïnvesteerd hebt, hoe minder snel je bij tegenslag op wilt geven. Na 17 jaar trainen en een mislukte Elfstedentocht achter de rug, wilde ik na een krampaanval 50 km voor de finish niet opgeven. Als het lichaam faalt, dan komt het op geestkracht aan!

En die geestkracht kun je trainen, net als conditie en techniek. Voor de wind is iedereen een goede rijder, maar pas bij tegenwind komen de echte toertochtrijders te voorschijn.

20 x 10

Om 6 uur verliet ik het huis , om met de trein en de tram naar de Uithof te gaan, alwaar ik om half 8 binnen wandelde. De bikkels van de 24 uur waren al aanwezig of kwamen net binnen. TV-West was al aanwezig om Ton Rueck te interviewen. Deze organisator was een van de 7 deelnemers aan de 24 uur van de Uithof in maart 2000. Om 8 uur klonk het startschot en kon ik beginnen aan mijn 200 kilometer.

In een rustig maar pittig tempo reed ik mijn eerste 27 rondjes in 23.08.97. Dit betekende, dat de eerste 10 km 42 seconden sneller waren dan mijn officiële p.r. op deze afstand. Na wat gedronken te hebben, sloot ik aan bij een peloton van een man of 20. In de slipstream reed ik zo de tweede 10 km, om vervolgens na 48.03 weer wat te gaan drinken. Dit patroon van om de 10 km stoppen om wat te gaan drinken, zou ik de rest van de dag zo veel mogelijk volhouden: dus 20 x 10.

Het eerste uur reed ik gemiddeld 25 km. Na de derde pauze was ik net te laat om bij het peloton aan te sluiten. Toen maakte ik de fout om dat gat zo snel mogelijk dicht te rijden. Ik voelde het aan mijn bovenbenen. Ik bleef lekker aan de staart van het peloton hangen, tot het tempo aan de kop omhoog ging van rondjes 53 naar rondjes 47. Dat tempo was mij te hoog om het nog 160 km vol te houden. In eigen tempo reed ik naar 1.41.00 op de 40 en 2.07.41 op de 50 km. Het ging lekker tot de eerste dweilpauze.

Na de dweilpauze ging het nog beter en reed ik een kilometer of 5 aan kop van het peloton. Het was inmiddels veel drukker geworden. Zo'n 150 man reed mee met de diverse toertochtafstanden. Het ijs gleed aanvankelijk weer zeer goed, maar langzamerhand werd het werkijs. Rond de 80 km kreeg ik de eerste dip te verwerken. Even een extra stop om wat te drinken en weer verder. Rond de 90 km moesten we van het ijs voor de

tweede dweil. Bij het ietwat onhandig aandoen van de schaatshoezen voelde ik een krampscheut door mijn rechterdijbeen
schieten. Het gedwongen kwartier rust kwam me dus niet slecht
uit.
Na de pauze begon ik dus voorzichtig. Met 4.31.54 had ik de
eerste 100 km erop zitten en kon het aftellen beginnen. De
rondjes 53 uit het begin en 57 in de 2e 50 km maakten nu plaats
voor rondjes van een minuut. Alles ging redelijk vlak, tot ik na
120 km een inzinking had. Veel drinken, wederom een cyclon-
fruitzakje naar binnen gewerkt en iedere keer een paar kilometer rijden en dan weer even rusten. Een kopje soep, dat ik van
een van de afhakers kreeg, was zeer welkom.
Het werd steeds stiller op de baan. Ik was kennelijk niet de enige, die de man met de hamer, na 5 uur en 3 kwartier schaatsen,
was tegengekomen. Ondanks dat ik de bochten zo min mogelijk
met pootje over nam en zoveel mogelijk "stiekem" naar binnen
glijdend, was ik 324 rondjes doorgekomen. Vanaf km 130 was ik
de inzinking te boven gekomen. De rondetijden gingen weer
omlaag en met name de bochten kon ik weer veel beter door-
komen. Pas bij 150 km zat ik met 7.33.20 voor het eerst op een
schema net boven de 10 uur.
Na een nieuwe dweilpauze liep het nog soepeler, terwijl de eerste deelnemers aan de recordwedstrijden op de 1500 meter
binnen kwamen druppelen. Tot de 180 km kon ik het tempo
goed volhouden. Daarna kwam de man met de hamer nogmaals
langs. De laatste 54 ronden zat ik er volledig doorheen. Ralf Nijssen was, na de wintertriatlon, voor de tweede maal een redder
in nood. Hij ging in een langzaam tempo voor mij rijden, zodat ik
van de slipstream kon profiteren op de niet gedweilde inrijbaan,
die steeds stroever werd.
Met drinkpauzes om de 5 ronden en een beschamend laag tempo deed ik bijna 3 kwartier over de voorlaatste 10 km. Met

aanmoedigingen van de in groten getale opgekomen IJVL-jeugd (waaraan je kunt zien hoe sterk de IJVL in de breedte is), kwam ik stukje bij beetje de zeer zware bochten door. De laatste 10 waren wel de zwaarste, maar als een paard de stal ruikt gaat het toch iets sneller: 40 minuten, om in 10 uur 25 minuten en 8 seconden over de finish te glijden, een clubrecord vestigend op deze incourante kunstijsafstand. Maar ja, ik ben dan ook minimaal een eeuw te laat geboren om een schaatstopper te worden.

Terwijl ik het strijdperk verliet, hadden de voorste 24-uursrijders al 700 ronden gereden tegenover mijn 540. Ik weet hoe ze zich moeten voelen en heb diep respect voor deze doordouwers, die boven de 500 km uit zouden komen. Van Leiden naar Parijs! Ondanks de inzinking had ik een goed gevoel over deze 20 x 10 kilometer. Het lichaam kon weer eens ervaren, wat het betekent om een zeer alternatieve Elfstedentocht te rijden, terwijl de mentale weerbaarheid weer eens getest werd. Het is zeer zeker voor herhaling vatbaar, maar laat eerst die echte Elfstedentocht maar weer eens komen.

Tot mijn stomme verbazing kon ik de volgende dagen gewoon traplopen. De inzinking bleek dus geen enkele invloed te hebben gehad. Alleen twee blaren en een licht spierpijntje in mijn rug waren de lichamelijke herinneringen aan deze 1080 bochten. Ondanks 6 liter Extran en andere sportdranken bleek ik de volgende ochtend 2 kilo lichter te zijn geworden. Voor wie af wil vallen is dit dus een uitstekend recept.

De onvermijdelijke Erica Terpstra

Iedere zichzelf respecterende sporter komt, behalve de man met de hamer, ook Erica Terpstra een keer tegen. Er is in Nederland immers niemand te vinden, die vaker startschoten lost, stempelt of op andere wijze duidelijk aanwezig is bij aansprekende sportevenementen.

Zo ook op 8 maart 2001, bij de start van de 24 uur van de Uithof, waar Douwe Kinkel en ondergetekende het genoegen mochten smaken om de IJVL te vertegenwoordigen bij een in de ogen van Erica Terpstra belangwekkend sportevenement. Als de biatloncommissie nog iemand zoekt voor het startschot geeft bij de winterbiatlon van komend jaar.....

In een mistige Uithof vertrokken zo'n 50 doordouwers om 8 uur, een tiental voor een etmaal schaatsen, de rest voor wat realistischer afstanden. Douwe had een blessure als gevolg van een val op het ijs en hij zou wel zien, waar het schip zou stranden. Dit bleek ruim 50 ronden verder te zijn.

De mist beloofde snel uitgeslagen ijs, hetgeen uitkwam, dus een half uur glad ijs en anderhalf uur werkijs. Ik zat in een treintje met 6 Scheveningers, die in januari voor niets naar de Weissensee gereden waren, waar ze geen meter geschaatst hadden. Eén persoon hield de rondetijden van gemiddeld 59 seconden bij. Om de 10 ronden nam een ander kop. Zelf draaide ik ook mee in het kopwerk.

De eerste 10 km ging in 26.08, 3 minuten langzamer dan vorig jaar, maar na 270 rondjes had ik mijn eerste p.r. van het seizoen te pakken: 4 uur 28.27 op de 100 km, ruim 3 minuten sneller. Vlak voor de 300e ronde ging mijn voorganger onderuit. Ik kon hem niet meer ontwijken en viel over hem heen. Meteen schoten mijn benen "vol". Ik kreeg een heuse inzinking.

Een extra eet- en drinkpauze genomen en proberen de man met de hamer te overwinnen door langzaam 5 rondjes te rijden voor

de volgende pauze. Meestal overwin je een inzinking zo na 10 á 15 km, maar vandaag kwam dit punt echter niet. De vorm was redelijk, maar de scherpte van vorig jaar ontbrak, ondanks een duidelijk verbeterde techniek. De oorzaak: twee zweepslagen tijdens de droogtraining. Gelukkig was er sprake van een evenwichtige trainingsopbouw: in juni de linkerkuit, in september de rechterkuit. Al met al was mijn zomertraining behoorlijk in de war gestuurd.
Dat was dit hele seizoen merkbaar in een duidelijk mindere vorm. Wie nog twijfelt aan het nut van droogtraining, moet maar eens met me komen praten.
De inzinking bleef dus, dus ook het "schema" van 5 rondjes rijden en dan pauzeren. Vooral het linkerbeen wilde niet meer. Druk zetten op de linkerschaats lukte niet meer goed. Maar stukje bij beetje vorderde de tocht op de Uithof. Toen ik nog 50 km te gaan had, kwam de IJVL-jeugd trainen. Zij gaven me net die stimulans om door te zetten, toen ik het het hardste nodig had.
Vermoeidheid heeft effect op het concentratievermogen. Ik vergat mijn schaatsbeschermers uit te doen, toen ik een paar rondjes met Ada Breeuwer op wilde schaatsen. Een fraaie smak op het ijs volgde.
Intussen waren de ronden veel ruimer geworden: van de binnenbaan naar de buitenbaan. Het was dus verantwoord om het schema te veranderen van 372 meter per ronde naar 400 per ronde. Dat betekende dus 500 ronden in plaats van 540. Dat past ook in het beeld van het hele seizoen: net niet! De volle 200 km werd een kleine 200, maar zo kon ik me toch een beetje sparen voor de wintertriatlon van 18 maart. Op die zondagmorgen bleek het rijden van 500 ronden vlak voor de triatlon geen succes. Ik kon absoluut geen kracht uit de benen laten komen. Het verlies ten opzichte van mijn p.r. bedroeg dan ook meer dan

23 minuten.

Tergend traag vorderde de tocht. Om 8 uur 's avonds had ik de 1000 bochten doorgeworsteld. De officiële tijd stond op 10 uur 50.23. Het verval in de tweede helft was enorm. Maar ja, een inzinking van 80 km maak je ook niet iedere dag mee. Als je mij voor de keuze stelt, wie ik liever tegenkom, de man met de hamer of Erica Terpstra, nou, dan weet ik het wel.....

"It kin net"

Op vrijdag de 13e gaan schaatsen draagt een zeker risico in zich. Aanvankelijk waren we van plan het volgende verhaal niet verder te vertellen, maar daar het de IJVL reeds doorgezongen heeft, is het beter om het als ooggetuige aan het woord te komen.

Welnu, rond 9 december 2002 begon het dankzij transportkou in Nederland flink te vriezen. De harde noordoostenwind voorkwam, dat de sloten al snel dicht lagen, maar op woensdag 11 december kon je voor het eerst deze winter op natuurijs.

Jaap de Gorter kwam op het illumineuze idee om naar Giethoorn te gaan in het weekend. Hij had daar een paar keer gewandeld en hij wist een leuk hotel aan het water. Er was nog plek in hotel "de Harmonie", gelegen op de plek van het afgebrande hotel, dat bekend was geworden door de humoristische film "Fanfare" van Bert Haanstra.

Na wat rondbellen hadden we een groepje van 6 IJVL-ers: Jaap de Gorter, Wil Verbeij, Jos Drabbels, Arien Stuijt, Hen van den Haak en Bert Breed. Na op donderdag de smaak van het schaatsen op natuurijs op ondiepe plassen en sloten geproefd te hebben, konden we 's avonds de schaatsen nog even slijpen en de boel pakken voor de volgende dag. De plannen veranderden nog een beetje: Sjaak Stuijt, Frits van Huis en Kees Olsthoorn zouden ook meegaan, maar zij zouden vrijdagavond weer terugrijden naar Leiden. Het zou iets anders lopen....

Twee auto's met 4 personen vertrokken onafhankelijk van elkaar naar Giethoorn, terwijl Jaap met trein en taxi naar de plaats van bestemming trok. Om half 12 waren we allemaal bij hotel "de Harmonie". Na de droge kleren in onze kamers gezet te hebben, bonden we onze schaatsen onder en rond het middaguur reden we door Giethoorn-Noord onder de bekende hoge bruggetjes door. Genieten dus.

Daar Frits had gezegd, dat we nu maar een klein rondje zouden schaatsen, lieten we onze rugzakken bij het beginpunt staan. Het tempo lag vanaf het begin flink hoog. Net als de dag ervoor betekende dat, dat ik de hele middag aan de staart van de groep zou bungelen, maar nog vaker, dat ik gewoon achter deze groep aan zou rijden tot het moment, dat het even stil zou vallen, als er gekluund moest worden of als er gezocht moest worden naar de juiste route.

Via een klein meertje kwamen we bij een sloot met 3 lage bruggen. Deze voerde ons naar Giethoorn, bekend van alle mooie foto's. Even voorbij Giethoorn kwamen we een man tegen, die ons vertelde, dat hij in Zwartsluis was gestart. Daar konden we dus ook naar toe. Via een sloot tussen de rietkragen door schaatste de groep in hoog tempo zuidwaarts, twee meertjes langs de rand passerend.

Het ijs was op de meren wisselend van kwaliteit: veel grondijs of hobbelig ijs, afgewisseld met spiegelglad zwart ijs. Het ijs op de sloten had veel minder last gehad van de wind en dat was over het algemeen goed glijdend ijs. Tenslotte kwamen we op een driesprong: linksaf konden we naar Zwartsluis, rechtsaf naar Belt-Schutsloot. We kozen voor Zwartsluis.

Op 100 meter klûnen na konden we in dit plaatsje aan het Zwarte Water komen, maar er was helaas geen plek aan het water, waar we wat konden eten of drinken. We maakten dus rechtsomkeer en reden naar Belt-Schutsloot, waar we in het kleine café aan de haven koffie of warme chocomel met slagroom met appeltaart nuttigden.

Alleen Sjaak reed is zijn eentje nog een half uur rond, terwijl wij ons laafden. Met zijn negenen reden we daarna noordwaarts. Zo kwamen we bij de Belterwiede. Hier moesten we kiezen: terug door de rietlanden of over het maagdelijke ijs van het meer. En ja, op vrijdag de 13e wil de keuze soms verkeerd uitvallen, dus werd er gekozen om het meer dwars over te steken. In het begin was het hobbelig ijs, maar na 100 meter kregen we prachtig zwart ijs.

Bij de dijk aangekomen zouden we een stuk moeten klûnen om vervolgens op een ander meer rechtstreeks naar Giethoorn te kunnen schaatsen. Overmoedig geworden door de geslaagde tocht, viel de keuze niet op de veilige route, maar werd gekozen voor het avontuur. Op zo'n 50 meter uit de kant reden we met de wind in de rug met een flinke snelheid over het Belterwiede. Sjaak wist daar nog een brug te liggen, die ons via een paar rietsloten naar Giethoorn zou leiden.

Zo ver zouden we echter niet komen. Halverwege het meer ging het mis. Vier van de vijf koplopers zakten door het ijs. Alleen Frits, die een meter of 20 links van de groep reed, ontsprong de dans. Arien was binnen een seconde uit het water, Jos deed er een seconde langer over. Wil was met 5 seconden uit het water, maar toen was er even paniek: Sjaak was onder het ijs geschoten. Gelukkig wist hij op eigen kracht snel het wak te vinden, zodat hij na zo'n 15 seconden gewond uit het ijs gehesen kon worden. Het ijs op de rand van het windwak was zo dik, dat er 5 man konden staan.

Jaap en Bert reden snel maar voorzichtig naar de weg, om auto's aan te kunnen houden. Jaap liep door naar de parkeerplaats, terwijl Bert auto's tot stoppen probeerde te bewegen. Een echtpaar uit Giethoorn was eerst doorgereden, maar iets in de gebaren van Bert zei hen, dat het toch ernstiger was dan alleen natte kleren. Ze keerden om en zo stonden er 2 auto's gereed, toen de pechvogels van het ijs kwamen.

Sjaak had een flinke jaap op zijn schedel en diverse kleine verwondingen aan zijn hoofd en met een verband om zijn hoofd werd hij samen met zijn zoon naar de lokale huisarts gereden. Jos en Wil werden in de andere wagen naar het hotel gebracht.

Voorzichtig reed het overgebleven vijftal terug, de sporen van de heenweg nauwkeurig volgend. Een tweetal schaatsers, dat in onze voetsporen was getreden, wezen we op het gevaar en zij reden met ons mee terug.

Bij de Blauwe Hand staken we klûnend de dijk en de brug over en vervolgden daarna over het volgende meer de tocht naar Giethoorn. De zon begon al te zakken en zette het plaatsje in een schitterende oranje gloed. Om 4 uur waren we bij het lage bruggetje, waar een flinke plas bloed op het ijs lag. Kennelijk iemand anders, voor wie vrijdag de 13e geen geluksdag is...

Bij het hotel gekomen hoorden we van Arien, die net onder de warme douche vandaan kwam, dat Sjaak door de dokter, die zelf de dag ervoor door het ijs gezakt was, gehecht was. Daar hij water in zijn longen had gekregen, werd hij later op de middag naar het ziekenhuis van Meppel gebracht ter observatie: hij kreeg antibiotica om een eventuele longontsteking te kunnen onderdrukken.

Wil ging ook naar de huisarts toe, daar hij pijnlijke ribben had overgehouden aan zijn onvrijwillige duik in het water: hij had een paar ribben gekneusd. Al met al werd het een vrij chaotische avond met zeer veel mobiel gebel.

"Over een jaar maken we er geintjes over" zeiden we, om de zaak te kunnen relativeren. Twee weken later bleek dat inderdaad al het geval. We maakten grollen over het NK wakzwemmen in Giethoorn met als hoofdprijs een volledig verzorgd weekend Meppel.

Om een uur of 9, na een voorgerecht gegeten te hebben, gingen Frits en Kees naar Leiden terug, terwijl de rest in Giethoorn bleef.

De volgende ochtend ging Arien met de taxi naar het Diaconessenhuis in Meppel, terwijl wij nog een uur of 3 in en om Giethoorn schaatsten: uiteraard alleen waar anderen al gereden hadden. Daar het tempo iets rustiger was dan de voorgaande dagen, hadden we ook tijd om te genieten van het Venetië van het Noorden en het prachtige natuurgebied De Wieden.

Om 1 uur verlieten we het ijs. Na nog wat gegeten en gedronken te hebben, gingen we op weg naar huis, uiteraard via het ziekenhuis van Meppel. Met Sjaak ging het al een stuk beter, hoewel hij nog een nacht langer ter observatie moest blijven.

Al met al hadden we een onvergetelijke schaatsdag gehad, die samengevat kan worden in de gevleugelde uitdrukking uit de Friese Beerenburgerreclame: "It kin net." In het Nederlands te vertalen als: "'t Kan nat."

Veiligheid

Het probleem met natuurijs is, dat je nooit voor 100% zeker weet, of het betrouwbaar is. Wel kun je, als er door de KNSB toertochten uitgeschreven zijn, met aan zekerheid grenzende waarschijnlijkheid stellen, dat het betrouwbaar is. Toch moet je ook dan altijd alert blijven. Er kunnen wakken liggen, door onderstromen of bemaling kan het ijs aan de onderzijde dunner worden, terwijl het nog vriest, en bij kluunplaatsen wordt het ijs aan de bovenzijde gegarandeerd dunner, doordat iedereen daar afremt. Er verdwijnt dan een minuscuul laagje ijs, maar na duizenden schaatsers kan er toch zo maar een paar centimeter ijs afgeschaafd zijn. Gebruik je ogen en oren dus goed! Nu is het al 12 jaar geleden, dat er in deze omgeving door de KNSB toertochten zoals de Molen- en Merentocht georganiseerd zijn. De liefhebbers van natuurijs moesten het dus doen met onbetrouwbaar ijs, en dan kom je uit bij de ondiepe wateren. In onze omgeving is dat bijvoorbeeld de Vogelplas tussen Voorschoten en Leidschendam, wat verder weg, maar zeer zeker de moeite waard is de Oostvaardersplassen. Over het algemeen is het water maximaal een meter diep, dus je kunt wel een nat pak oplopen, maar echt gevaarlijk is het er niet. Als voorzorg voor het geval dat, neem ik altijd een compleet set schaatskleren extra mee. Hoe sneller je je kunt hullen in droge kleren, hoe beter het is, waarna je jezelf warm kunt gaan lopen!

Tip 1: Vergewis je ervan dat lokale mensen al op het ijs gereden hebben. Zij kunnen zien waar het ijs het eerst dicht lag en waar het het langste open lag. Op www.schaatsforum.nl kun je voor Noord-, Midden- en Zuid-Nederland nakijken, waar er al geschaatst kan worden. Lokaal bekende mensen weten ook, waar het water het diepste is en waar het water het sterkst stroomt. Dit zijn niet onbelangrijke details. Zelf ben ik eens met een groepje IJVL-ers naar Giethoorn getrokken, waar we zo stom waren om de kennis van mensen uit de buurt niet ter harte te nemen. Vier van de negen schaatsers zakten door het ijs, waarbij één zelfs onder het ijs schoot! Maagdelijk ijs is prachtig, maar vaak ook twijfelachtig!

Tip 2: Waar andere mensen al geschaatst hebben, is het over het algemeen veilig. Als het een ander al gedragen heeft, zal het jou ook wel kunnen dragen. Schaats dus rustig over de soms wat afgetrapte sporen. Het zijn gebaande paden, het is wat minder spannend, maar je hebt een veel grotere kans om droge kleren te houden.

Tip 3: Ga nooit alleen schaatsen! Als er een tocht door de KNSB georganiseerd wordt, kun je het er wel op wagen, maar doe het anders niet. Als je door het ijs zakt, heb je vaak hulp van anderen nodig. Ga dus altijd met een groepje uit schaatsen.

Tip 4: Zorg dat er een paar mensen een stevig touw hebben om de ongelukkige zo nodig uit het water te trekken. Dit dient dan liggend te gebeuren. Het ijs is op die plek immers niet betrouwbaar. Er is immers niet voor niks iemand doorheen gezakt! Op de Oostvaardersplassen heb ik een keer iemand gezien, die tot zijn middel in het water stond en die een spoor van wel 100 brekend ijs trok, voor dat het zo dik was, dat hij zichzelf uit het water kon hijsen! Het is natuurlijk wel handig, als de mensen, die het touw over de borstkas hebben, niet dicht bij elkaar schaatsen. Als zij allebei door het ijs gaan, is het wat lastig om dan het touw naar de redders te gooien. Van boven het ijs gaat het wat makkelijker dan vanaf het wak.

Tip 5: De ijspriem. Dit is een tweetal ijzeren prikpennen, die in veilig in elkaars houten of plastic handvaten prikken en die je veilig om je nek kunt hangen. Mocht je door het ijs gaan, dan schuif je het elastiek er vanaf en je kunt met de ijzeren spijkers jezelf op je buik op het ijs trekken. Blijf dat dan een stukje doen, want rondom een wak is het meestal zwak.

Tip 6: Het spreekt voor zich, dat helder daglicht ook de veiligheid vergroot. Je kunt immers meer zien. In het donker of in de mist weet je letterlijk niet wat je kunt verwachten.

Tip 7: Een ander hulpmiddel voor de veiligheid, dat al behandeld is bij kleding, maar dat ik hier niet ongenoemd wil laten, is een paar scheen- en kniebeschermers. Op natuurijs vinden meer valpartijen plaats dan op kunstijs vanwege scheuren, strootjes, oneffenheden, plotselinge stroeve plekken en dergelijke. Kniebeschermers voorkomen dan pijnlijke knieën (ik heb op Nieuwkoopse plassen een keer 90 km met een gekneusde knie gereden, doordat ik geen kniebeschermers dacht nodig te hebben), de snijvaste scheenbeschermers kunnen vervelende blessures voorkomen: je voorganger kan immers vallen en dan met zijn schaats lelijke wonden veroorzaken, want over het algemeen zijn schaatsen scherp....

Tip 8: Soms heb je het geluk, dat een zwembad een cursus wakzwemmen organiseert. Ik heb hier 2 keer aan meegedaan, en het was zeer leerzaam. Je zwemt dan met kleren aan in redelijk warm water onder plastic zeilen door met in het midden een gat. Nu gaat het ontspannen, want indien het niet snel genoeg gaat, kun je het zeil optillen. Met ijs is dat wel anders! Je bent plotseling in ijskoud water en toch wel een beetje in paniek. Nu ben je over het algemeen niet verder dan 1 of 2 meter van het wak af! Bij onder het ijs schieten dank je vaak aan vele meters, maar dat valt mee.

Tip 9: Let op kleurverschillen: als het gesneeuwd heeft, moet je naar de lichte plek. De sneeuw ligt als een deken op het ijs en weerkaatst het licht. Ligt er geen sneeuw, dan moet je juist naar de donkere plek. Zoek dus het contrast!

Tip 10: De oneffenheden onder water. Je weet en ziet, dat het ijs aan de bovenzijde mooi glad is, maar aan de onderzijde niet. Ik heb een keer het ijs in een emmer regenwater omgedraaid: er zaten een soort pegels van ijskristallen aan. Heel mooi om te zien, maar alleen als je er niet onder zit. Het ijs aan de onderzijde is dus ruw. Het is wel iets, om te onthouden!

Tip 11: Iemand onder water zoeken: als je alleen bent en je schiet onder het ijs, heb je een groter probleem, dan wanneer je met een groep bent. Iemand kan met een touw in het wak afdalen en de paar meter om het ijs voelen. Met het touw weet je immers altijd, welke kant je uit moet! Dit is de veiligste methode om je schaatsmaat weer boven water te krijgen.

Tip 12: Een handige methode, die ik geleerd heb met het wakzwemmen is, hoe je iemand het handigste uit het water kunt halen: dit is ruggelings. Met een touw of een paar ijspriemen gaat het handiger op de buik, maar indien er geen touw of ijspriemen voorhanden is, is iemand ruggelings uit het water halen de snelste en minst zware methode. Meer informatie over veilig natuurijs is te vinden op de website van de Stichting Veilig Natuurijsverkeer. Hopelijk hebben jullie deze tips nooit nodig, maar neem ze toch ter harte. Voorkomen is immers beter dan genezen.....

Knieval

Op een zeer mooie zaterdag in januari 2003 waren we met 8 IJVL-ers naar het huis van Van Huis getrokken, waar we bespraken, waar we zouden gaan schaatsen op natuurijs. De keus ging tussen de Alblasserwaard, de Rottemeren en de Nieuwkoopse plassen. Na ampel beraad kozen we de laatste mogelijkheid. In 2 auto's reden we, Frits van Huis, Bert Schotanus, Mariët Spierings, Wil Verbeij, Hans Boers, Jaap de Gorter, Jos Drabbels en Bert Breed, naar restaurant "de Ziende", waar we onze ijzers onderbonden voor een prachtige tocht tussen zeer veel rietkragen door. Schaatsen op natuurijs is immers onze gemeenschappelijke "Wintertime love"!

Er lag een laag sneeuw op het ijs, zodat je goed kon zien, waar je kon schaatsen: waar sneeuw lag, had het een week lang gevroren, en dat was dus redelijk betrouwbaar. Mooi zwart ijs daarentegen, hoe verleidelijk ook, was van recenter datum en dus onbetrouwbaar. De sneeuw had echter één groot nadeel: je zag de scheuren niet. Na 100 meter kwam ik zo met een flink vaartje in zo'n onzichtbare scheur vast te zitten en maakte zodoende een pijnlijke knieval.

Opstaan en doorgaan. Met pijn kun je immers ook schaatsen. Je laat je het schaatsplezier op een mooie windstille dag met temperaturen net onder nul niet ontnemen door een vroege buiteling. Met een pijnlijke rechterknie reed ik achter het zevental aan over de Meije. Eerst schaatsten we tussen de rietkragen door, vervolgens reden we naar het dorpje Meije. Op dit stuk kwamen we flink wat bruggen tegen. De meesten konden we bukkend passeren, slechts een paar keer moesten we klûnen. Na het dorpje gepasseerd te zijn kwamen we bij de rietkragen uit. Zigzaggend reden we door dit prachtige natuurgebied naar het plaatsje Noorden toe. Hier moesten we over een stuk zwart ijs. De ervaringen in Giethoorn hadden diverse personen toch

wel voorzichtig gemaakt, zodat we zo dicht mogelijk langs de rietkragen dit stuk overstaken. In Noorden namen we een korte eetpauze, alvorens door te rijden naar Woerdense Verlaat. Het ijs was op dit stuk beduidend minder van kwaliteit, met zeer veel scheuren. Diverse personen kwamen zodoende ook onprettig met het ijs in aanraking. In Woerdense Verlaat staken we klûnend de dam over, waarna een stuk zeer slecht ijs volgde met dooiijs aan de randen. Dit deed ons besluiten om niet bij de sluis over te steken, maar terug te schaatsen naar Noorden.
In een snackbar bestelden we tosti's, broodjes, koffie, warme chocomel e.d. Hier zaten we ruim een half uur. Douwe en Jilles Kinkel kwamen ook binnen en vertelden, dat de Grecht tussen Woerdense Verlaat en Woerden 8 km prachtig zwart ijs had. Derhalve reden we weer naar de dam toe. Aanvankelijk zag ik dat niet zo zitten, want ik had in de snackbar toch behoorlijk wat last van mijn knie gekregen. Maar kennelijk kwam dit door het stilzitten, want naarmate we langer schaatsten, werd de pijn minder.
Mariët had ondertussen ook een knieval gemaakt, zodat we op de Grecht de achterhoede vormden van ons groepje. We konden hoe dan ook genieten van heerlijk, sneeuwvrij glijijs. Een gouden tip van de Kinkels. In Woerden zaten de anderen al te eten, toen we daar aankwamen. Daar schaatsen toch wel hongerig maakt, volgden wij dit voorbeeld.
Op de terugweg reden Mariët en ik wederom in een heerlijk duurtempo, dat je uren vol kan houden, achter de anderen aan. Ondanks dat we een eind achter lagen, merkte je toch wel het verschil tussen geoefende schaatsers en zij, die niet iedere week trainen: we zijn op de 8 km niet één keer ingehaald, we haalden alleen maar in.
Bij de sluis kwamen we Letty Ruhaak en Pieter en Thijs Smit tegen, die hun wagen in Woerden hadden geparkeerd.

Vanaf Woerdense Verlaat reden we over de Meije terug naar ons startpunt. Een prachtige tocht in de schemering, met wel om de 100 meter een bruggetje. We hebben in ieder geval vaak moeten bukken. Soms heeft het voordelen als je klein bent....
Bij het dorpje Meije kwamen we Joost Wösten tegen, die nog naar Woerden wilde schaatsen in zijn eentje. Dit hebben we hem uit zijn hoofd weten te praten, want in het donker zie je alle eendenwakken niet en dan wordt schaatsen in je eentje al spoedig zwemmen bij het eendje.
Zodoende reden we met 9 IJVL-ers naar restaurant "de Ziende", waar we nog even wat gingen drinken en na konden genieten van een 90 km lange tocht op een prachtige winterdag. Zelf kon ik nog 3 weken na "genieten" van een gekneusde rechterknie. Wijs geworden rijd ik daarna altijd met kniebeschermers. Je weet immers maar nooit, wanneer je weer een knieval moet maken....

Vuurwerk aan de Weissensee

Om 5 uur zou de wekker aflopen. Zoals gebruikelijk was ik voor die tijd al wakker: ik was 's nachts al 4 keer naar de w.c. geweest. De gebruikelijke spanning, die zich in mijn lijf op die manier ontlaadt. Voor de triatlon en de marathon vertoon ik dezelfde verschijnselen, slecht slapen en een zeer actieve stoelgang. Toch was de week Weissensee zeer ontspannen begonnen. Op vrijdag 21 januari 2005 vertrokken we met zijn zessen op 1 uur per trein naar Oostenrijk: Andrea Landman, Paul Verkerk, Theo Schouten, Wil Verbeij, Hen van den Haak en Bert Breed, om de volgende ochtend om 11 uur bij hotel die Forelle onze intrek te nemen. Het was van hier 100 meter lopen naar het kleine meer. Om 12 uur hadden we onze schaatsen onder onze voeten om met Letty Ruhaak, Pieter Smit en Sjaak Stuijt, die in hetzelfde gebouw verbleven, ons eerste rondje van 25 kilometer te rijden. Vooral op het grote meer was het ijs van uitzonderlijke kwaliteit. Er waren zelfs grote stukken zwart ijs. Kennelijk stond deze vakantie onder een gunstig gesternte, want volgens velen was het ijs in 15 jaar nog nooit zo goed geweest. Tijdens de eerste ronde bleek echter al, dat een klapschaats met recht een KLAPschaats is, als je in een scheur rijdt. Letty, Pieter en Hen zouden de eerste dag al hardhandig kennis maken met de verder spiegelgladde ijsvloer. Na een eerste dag met voor allen een rustige opbouw liep in de dagen daarna de opbouw naar de Alternatieve Elfstedentocht op 28 januari 2005 behoorlijk uiteen. De één zocht het in de 59 kruiden van Alpenkräuter, de ander ging tussendoor rustig een dagje langlaufen, een derde bouwde langzaam het aantal kilometers op.
Persoonlijk hield ik het bij kilometervreten. Met 4 dagen op rij rond de 100 kilometer schaatsen ging ik tegen iedere trainingsleer in. Maar ja, ik kon de verleiding niet weerstaan. Schaatsen op natuurijs in nu eenmaal zo ontzettend leuk.... Op woensdag

hadden we als groep 100 kilometer getraind in het rijden in een rustig tempo en in het aflossen van elkaar. Met tegenwind was de 2 meter lange Wil Verbeij voor iedereen de ideale windbreker. We hadden een gezellige groep. Zo gezellig, dat Frau Müller, de eigenaresse, ons bijzonder nauwgezet in de gaten hield. Vooral de vuurpijlen, die Theo en Wil 's zaterdags gekocht hadden, zorgden behalve voor veel grappen en grollen, voor haar speciale belangstelling. Toen bij de buren een vuurpijl afgestoken werd en Sjaak daarna vanaf zijn balkon een perfecte imitatie van een gillende keukenmeid gaf, ging prompt bij ons de telefoon: of wij vuurwerk afgestoken hadden? Vanaf maandag druppelde de Proteq- en de DSB-ploeg langzaam binnen bij die Forelle. We kregen steeds meer en steeds beter contact met Daniëlle Bekkering, Jan Maarten Heideman, Ruud Borst, Peter de Vries, René Ruitenberg, Piet Kleine en Peter Baars, de zoon van mijn nicht Jenny Breed. Ondanks de gezelligheid, het vele lachen en het ontspannen toeleven naar de 200 kilometer sloop toch langzamerhand de stress erin. Op zich normaal, want zonder (positieve) stress kun je niet tot presteren komen. Zo zaten we om half 6 aan het ontbijt, waarbij het eten moeilijker naar binnen ging als anders. Na een laatste bezoek aan het toilet werd om half 7 een stevige laag vaseline aangebracht op gezicht, tenen en geslachtsdelen. Het vroor op dat moment 15 graden. Na de klûnschaatsen onder mijn Rossignol-schoenen geklikt te hebben, kon de groep IJVL-ers, aangevuld met Thijs Smit, Jilles Kinkel en Sjoerd Kruijff, naar de startplaats rijden in het schijnsel van een mijnwerkerslamp. Om 7 uur klonk, na een paar doffe "ploenk's" van het ijs, het startschot. In een laag tempo begonnen we in de schemering in de grote meute de eerste kilometers af te leggen, elkaars naam roepend om elkaar niet kwijt te raken. Wil begon in de schemering het tempo te verhogen. "Rustiger" riep ik, maar veel effect had dit niet. Feitelijk hadden we vanaf het begin te maken met een Alternatieve Elfstedentocht met 2 snelheden: Theo, Wil en Sjoerd wilden doorkachelen, Letty, Andrea, Hen en Bert wilden een iets lager tempo. Zo reden we naar het eerste keerpunt bij Dolomietenblick, waar de snelle groep op de langzame wachtte. De temperatuur daalde tijdens de eerste ronde naar min 18. Gelukkig was het vrijwel windstil, zodat de kou nog net te harden was. Ondanks de trage start en het wederom uit elkaar trekken van de groep door de snelheidsverschillen en het vervolgens op elkaar wachten, werd de eerste ronde afgelegd in 1 uur 10 minuten. In de tweede ronde herhaalde dit patroon van harmonicarijden zich. Douwe Kinkel, die zijn schaatsen in het hotel had laten liggen, kwam ons achterop gereden en zou de rest van de dag met de langzamere groep meerijden, terwijl de snellere groep, Theo, Wil en Sjoerd, die elke ronde wel een paar keer viel, het tempo verhoogde en in ruim 9 en half uur binnen kwam. Bij die Forelle stopten we om bidons te verwisselen. Ik was niet scheutig genoeg geweest met vaseline en had donkerrode lippen. Nel Stuijt smeerde een extra laag bij mij en Andrea als bescherming. Even sloeg de angst toe, dat bevriezing in het gezicht de tocht zou verknallen, zoals een pijnlijke spier bij de rechterenkel dat vanaf kilometer 7 had gedaan, maar gelukkig trok de pijn bij iedere afzet geleidelijk weg. De tweede ronde werd ook in 1 uur 10 volbracht, net als de derde ronde, die gebruikelijk verliep: bij iedere drinkpost namen we wat te eten en te drinken en ik ging 2 keer per ronde plassen. Wel was er een wind opgestoken, die uit variabele richtingen kwam, met vooral tegenwind tussen kilometer 6 en 8 en meewind richting Techendorf. Vlak voor de derde ronde volbracht was, ging Andrea keihard onderuit, toen ze in een scheur reed. Haar rechterschaats schoot weg, alle adem ging uit haar longen. Gelukkig bleef het bij de schrik en kon ze haar kluunschaats weer aanklikken en verder rijden. De vierde ronde was er één met nog meer wind. Sjaak Stuijt had ons al op een ronde gezet, toen Hen flink onderuit ging bij kilometer 4. Zijn klapschaats zat naast zijn potje. Woest trapte hij een paar keer op het ijs en zowaar: de schaats schoot goed. De wind was nu meer uit het westen, hetgeen tegenwind naar Techendorf toe betekende. Terwijl Pieter ons ook een rondje gelapt had, zorgden Nel en Paul weer voor de verversing. In 4 uur 50 hadden we de helft van de tocht erop zitten. De wind was nog sterker geworden. Richting Dolomietenblick ging het lekker, ondanks pijn in het linkerdijbeen en de eerste en enige val van de vakantie. De Rossignol-klûnschaatsen werken wat dat betreft prima. Meestal rijd je gewoon uit de scheur. Uit ervaring wisten we: na 120 kilometer begint het pas echt. Het soepele schaatsen maakt plaats voor zwoegen. Arthur van Winsen, Wouter van Riessen, Hans Rodenburg, Thijs Smit en Jilles Kinkel hadden ons ook op een ronde gezet. Richting Techendorf hadden we geluk. We konden vrij snel aansluiten bij een groep van 30 man, waarvan Rijn IJsselstreek het meeste kopwerk deed. Net als de meeste ploegen reden zij in dezelfde kleding. Wij reden als zooitje ongeregeld met een bonte mengeling aan kleuren en kleding, in de luwte in een rustig tempo achteraan tot kilometer 17, waar Douwe onderuit ging. Zodoende moesten we helaas de groep laten lopen. Op het einde van ronde 6 zorgden Nel en Paul voor de nodige voeding en vocht. Om half 3 zat driekwart van de tocht erop. We wisten nu zeker, dat we het gingen halen. Ik kwam Dick Witteman tegen, die ik ken van de ijshal in Leiden. Hij bood aan, om een ronde als windbreker te fungeren. Dit was een geschenk uit de hemel. De wind was weer eens gedraaid en richting Dolomietenblick vrij hevig. In een rustig, gelijkmatig tempo reden we naar het keerpunt toe, telkens mensen oppikkend, die in hun eentje tegen de wind in ploeterden. Na de gebruikelijke drink- en plaspauze bij Dolomietenblick ging een vrij grote groep richting laatste ronde met Dick als voorrijder. Helaas deed de linkervoet niet meer, wat het moest doen. Peter Witteman kwam ook onze gelederen versterken. Bij het ingaan van de laatste ronde om kwart voor 4 verlieten de gebroeders Witteman onze groep. Zelf had ik een kleine inzinking en moest ik de groep, waar ik de hele dag mee gereden had, lossen. Douwe zei tegen mij, dat hij er ook aardig doorheen zat, maar hij kon toch het tempo van de rest van de groep aanhouden. Toch was er een groot verschil met de andere inzinkingen, die ik tussen de 140 en 180 kilometer gekregen had. Toen stond ik helemaal geparkeerd, nu kon ik gewoon door blijven harken. Paul nam de rol van windbreker over van Dick. Tevens voorzag hij me van een energiedrank, die de vetverbranding flink op gang zou brengen. Na de voorspelde 20 minuten ging het schaatsen inderdaad wat makkelijker. Bij kilometer 6 werden we ingehaald door een trio, waar we ons bij aan konden sluiten. Toen Paul in een scheur reed, bleven ze keurig op ons wachten. Na Dolomietenblick was het 16 kilometer vooral meewind. We kwamen in een groep van een man of 20 te zitten, waar we mee reden tot het kleine meer. Onderweg namen we de tijd om te genieten van het uitzicht op de besneeuwde bergen, die door de laagstaande zon een schitterende oranje gloed hadden gekregen. Net of je in een Kerstkaart schaatste. Vlak voor het keerpunt aan de westzijde zagen we Hen, Douwe, Letty en Andrea rijden, die een kilometer voorsprong op ons hadden. Vlak na het laatste keerpunt viel de groep door een paar valpartijen in het schemerduister uiteen in diverse kleine groepjes. Na 10 uur 16 minuten en 2,8 seconden gleed de transponder voor de laatste maal over de streep, ruim 2 minuten na "mijn groep". Andrea en Letty hadden, net als Theo, Sjoerd, Thijs en Jilles, voor het eerst van hun leven de afstand van de Elfstedentocht volbracht, en dat nog wel in een keurige tijd! De meeste anderen, waaronder

ondergetekende, reden een persoonlijk record. Ondanks het reeds vroege afzien was het mijn makkelijkste 200-kilometertocht, mede door het uitblijven van een echte inzinking. Het inleveren van de transponder was in de feesttent, waar ik de eveneens gefinishte Ton Togni en Luit Bloem, die de week erop nog 2 keer de 200 kilometer zou rijden, tegenkwam. Vervolgens naar die Forelle geschaatst. Na 202 kilometer in een verkwikkend bad de schade opgenomen: gelukkig geen bevriezingsverschijnselen. Daarna naar Ada gebeld, terwijl Hen een vrij koude en Theo een koude douche namen. Om 7 uur gingen we naar het hotel, waar een uitgelaten stemming heerste. Iedereen, die aan de tocht was begonnen, had deze uitgereden. Na de maaltijd werden alle 16 toertochtrijders op een leuke manier door René Ruitenberg in het zonnetje gezet. De dames kregen een glaasje champagne en een kus van Peter de Vries, de heren van Daniëlle Bekkering. Sjaak Stuijt, die in 7 uur en 9 minuten als eerste de tocht volbracht had, werd extra in het zonnetje gezet. "Speech, speech" begon René Ruitenberg. "Zou ik niet doen" waarschuwde ik: "Hij is wethouder geweest". Na het proosten kwam het grote moment: eindelijk mochten de 3 vuurpijlen afgestoken worden! Hans Müller vertelde, waar ze afgestoken mochten worden, terwijl Sjaak al fluitend een paar gillende keukenmeiden ten gehore bracht. In een euforische stemming trokken we naar kamer 4, waar 11 personen bier en Alpenkräuter verorberden. Ook Douwe en Jilles kwamen nog even langs. De grappen en grollen wisselden elkaar in hoog tempo af. Het onderwerp vaseline kwam vaak ter sprake, met als hoogtepunt een heuse vaselinewasstraat. Om de IJVLers een volgende keer duidelijker herkenbaar te maken: volgende keer schaatsen in Lederhosen!
Ondanks de vermoeidheid van de tocht slecht geslapen, doordat het lichaam vol zit met allerhande stoffen, die de slaap tegen-

werken. Dit herkende ik van andere 200-kilometertochten. De volgende ochtend nog ongeveer 14 kilometer gereden, de totaalstand van een achttal schaatsdagen op de Weissensee op 675 kilometer brengend. Voor we naar de trein gingen, zagen we dat "ons" hotel ook op het Open Nederlandse Kampioenschap goed presteerde. Zowel Daniëlle Bekkering als Peter Baars werden nationaal kampioen. In het hotel werd deze dubbelslag uiteraard gevierd. Dit was een mooie afsluiting van een perfecte week aan de Weissensee.

Elfurentocht

Vrijdagavond vertrok ik, na in de Leidse IJshal schaatsles te hebben gegeven voor de buitenschoolse sport en voor de IJVL, met de fiets in de trein naar Harderhaven. Hier zou ik een nacht logeren op de tjalk van mijn zwager. Om 9 uur was ik bij Anton en Annemarie en na een paar uur gezellig bijpraten dook ik om 11 uur in de slaapzak. De slaap kwam gelukkig snel, want de wekker stond op 4 uur.

Om 3 uur werd ik uit mezelf wakker en daar ik de slaap toch niet meer kon vatten, kleedde ik me om half 4 aan en ging zachtjes in mijn eentje ontbijten. Een half uur later zat ik op de fiets. Het regende vrij hard, hetgeen niet voorspeld was. Met mijn regenbroek aan fietste ik over de donkere dijk naar Flevonice. In het licht van de koplamp kon je tientallen konijnen het fietspad zien oversteken.

Rond de klok van 5 uur had ik startnummer 312 op mijn rechterbovenbeen gespeld. Een half uur later was de briefing. De spelregels van de dag werden uitgelegd. Tevens werd gezegd, dat er enkele buitenlandse deelnemers aan de eerste Elfurentocht waren, waaronder iemand uit Spanje. Op 29 november krijg je dan een sterk vermoeden, wie dat dan kan zijn. En inderdaad: Sinterklaas kwam aangeschreden.

De Goedheiligman komt het startschot geven is dan snel je eerste gedachte. De nummer 1 in de traditites van Nederland moest het echter afleggen tegen een andere nummer 1: Reinier Paping, de winnaar van de meest legendarische Elfstedentocht. Op 18 januari 1963 deed hij 10 uur en 59 minuten over deze helse tocht door een poollandschap. Aan ons de taak om onder heel wat betere omstandigheden te proberen om binnen die tijd de 200 km af te leggen. Ik had me hem groter voorgesteld. Hij is beslist niet groter dan mij, maar als schaatser is hij natuurlijk veel groter!

Om kwart voor 6 ging de regen over in een miezerbuitje en mochten we naar buiten om de schaatsen aan te trekken. In het startvak met ruim 100 schaatsers kwam ik Haico Bouma tegen, de nummer 7 van de Elfstedentocht van 1986. Met hem nog even na staan praten over de Zevenheuvelenloop, die we allebei gelopen hadden, maar al snel gaf Reinier Paping het startsein en mochten we los.

Ook al was de ijsbaan redelijk goed verlicht, schaatsen in het donker is toch niet iets, wat je elke dag doet. Met een ruiterlichtje om mijn linkerarm reed ik het eerste rondje in een van de snellere groepen, ondanks mijn opmerking voor de start: "Om de rode lantaarn hoef je je geen zorgen te maken, die heb ik al!" Sint-Nicolaas reed trouwens de eerste ronde mee, met zijn wijd wapperende tabberd en zijn staf. Het was een komisch gezicht, toen de Sint zijn mijter verloor en hij zich met zijn staf in de hand om moest draaien.

Het eerste stempel van de dag werd door de legendarische Reinier Paping op mijn stempelkaart gezet. Met een groepje van 4 man reden we de volgende rondes in een lekker strak tempo. Om beurten namen we een ronde van 4,5 km de kop. Na 4 rondes moest ik even wat drinken en de blaas legen, zodat ik het contact met deze groep verloor. De volgende rondes reed ik veelal alleen. Gelukkig stond er niet al te veel wind in de kale polder. Het eerste uur had ik 5 rondjes achter de rug. Ik lag dus mooi op schema.

Halverwege het tweede uur begon het te schemeren en langzamerhand zag je het steeds lichter worden. Het blijft een bijzondere ervaring om dit op de schaats mee te maken. Het tempo lag nog steeds op hetzelfde niveau, ondanks dat het ijs in de vochtige lucht steeds meer begon uit te slaan. Toen het licht geworden was, werd de baan voor de eerste keer met een tractor geborsteld. Je merkte het meteen als de zachte bovenlaag eraf was gehaald.

De hele ochtend probeerde ik vooral te rijden op techniek, of ik alleen reed, als "wieltjesplakkker" achter een andere schaatser of in een groepje. Vooral op de bijhaal en het rustmoment probeerde ik me te concentreren. Wat dat aangaat is schaatsen een denksport. Je moet voortdurend alert blijven.

Het was zwaar bewolkt maar droog, een graad of 5 en met windkracht 3 waren de omstandigheden redelijk goed. Alleen de hoge luchtvochtigheid zorgde er voor, dat het bovenste laagje vrij zacht was. Het was echt werkijs. Ik was niet de enige, die daar zo over dacht. Diverse andere schaatsers zeiden het in de loop van de dag tegen me. Ondanks het werkijs ging het tot 100 km lekker. Ik zat dik onder het schema van 10 uur en was inmiddels begonnen aan de achterzijde van de stempelkaart.

Het eten van vast voedsel ging steeds moeizamer, een krentenbol eten onder het schaatsen ging al vrij moeizaam, een paar rondes later was ik een halve ronde bezig om een broodje kaar weg te werken. Vanaf dat moment schakelde ik over op Squeezy energiegel voor de broodnodige brandstof, hoewel ik eerlijkheidshalve moet bekennen, dat ik van Zwarte Piet een paar keer een handje pepernoten kreeg. Naast Sinterklaas en Zwarte Piet kwam ik ook de IJVL-leden Jacquelien Waasdorp en Saskia Liem tegen, die hier "gewoon" aan het schaatsen waren.

Ondertussen had Reinier Paping ook het startschot voor de Zevenurentocht en de Vijfurentocht gegeven. Er deden een paar kinderen van hooguit een jaar of 9 aan mee, die tot 60 km kwamen!

Rond de 120 km had ik een paar rondjes, dat ik een klein dipje had, maar tussen de 130 en 150 kilometers reed ik de beste kilometers van de dag. Ik reed zelfs een paar rondes mee in de groep met Haico Bouma. Nu had ik wel het idee, dat deze marathonschaatser zich heel erg inhield, maar desondanks rijd je dan

69

toch een pittig tempo.
Tussen de 160 en de 190 km had ik, net als meestal bij het 35 kilometerpunt bij de marathon, mijn gebruikelijke inzinking. Het technisch goed schaatsen liet ik voor wat het was en ik ging rechtop schaatsen. Met een "ouderwetse" prikslag reed ik zo mijn rondjes. Zoals je bij de marathon soms even moet wandelen om te voorkomen, dat je kramp krijgt, moest ik dat nu ook doen. Bij de 180 km zat ik voor het eerst boven het schema van 10 uur. Desondanks had ik wel de zekerheid, dat ik de 200 km binnen de 11 uur zou volbrengen, in tegenstelling tot Jan Verlind, met wie ik op donderdagochtend regelmatig schaats. Na een maand geblesseerd te zijn geweest strandde hij op 180 km. En dan is het er plotseling weer: je voelt, dat je weer kracht krijgt, "de tweede adem". De laatste 3 ronden kon ik weer goed technisch rijden en met een soort eindsprint van bijna 14 km beëindigde ik mijn eerste Elfurentocht. De 44e stempel, oftewel 198 km, werd gezet toen ik 10 uur onderweg was. De 200 km werd volbracht in 10 uur en 5 minuten, waarna ik met de 45e stempel de 202,5 km lange tocht volbracht had in 10 uur en een kwartier. "Je ziet er nog monter uit" zei de speaker. Toen wel, ja!

Mijn snelste 200 tot nu toe had ik op de Weissensee volbracht in 10.16, dus dit was, ondanks het werkijs en ondanks het te woord staan voor een paar korte interviews tijdens de Elfurentocht, een verbetering van het p.r. met ruim 10 minuten. Tijdens zo'n interview kreeg ik de vraag voorgelegd, of dit een beetje de sfeer van de Elfstedentocht had. Dit kon ik wel beamen. Het gebeurt niet zo vaak, dat ik 's ochtends om half 4 zit te ontbijten en ook schaatsen in het donker is geen dagelijkse trainingsstof terwijl het Friese dweilorkest "Menaemer Feintjes" zeer zeker sfeerverhogend werkte.

De organisatie van de Elfurentocht was prima. Het enige minpunt was, dat de baan te weinig geveegd was. Maar goed, aan de andere kant: met natuurijs gebeurt dat ook niet. Het ijs op Flevonice was trouwens een stuk beter dan vorig jaar. Er was een meter of 200 ribbeltjesijs, voor de rest was het verder redelijk tot goed ijs. Wat mij betreft is de Elfurentocht voor herhaling vatbaar. En het mooiste zou het zijn, als de winnaar van de Elfstedentocht van 2009 dan het startschot zou komen geven. Ik ben in ieder geval klaar voor die Elfstedentocht.

Kleding

Zeer belangrijk bij het maken van een schaatstocht is de keuze van de kleding. En daar zijn de afgelopen decennia nogal wat ontwikkelingen ten goede. Waarbij vroeger het motto was "hoe dikker hoe beter", daar is nu het motto "meerdere laagjes". Laat het afhangen van de temperatuur en de wind, hoeveel laagjes je aandoet om je te beschermen tegen de kou.

Vroeger, in mijn jeugd, was de kleding simpel. Je had vooral katoenen kleding met daarover een dikke wollen trui en daarover je trainingsjack en een wollen maillot onder je katoenen trainingsbroek. En de sokken: inderdaad, geitenwollen sokken! Met de wollen kledingstukken is trouwens niets mis mee. Wol laat het vocht goed door en het heeft de eigenschap dat het veel lucht vasthoudt, wat een isolerende werking heeft. Je blijft door wol dus op een goede manier warm. Er kleeft slechts één nadeel aan: direct op je huid kan het gaan kriebelen, als je uit de kou in een warme ruimte komt.

Met katoen is het echter anders gesteld. Katoen houdt vocht vast. Op een warme zomerdag kan dat een prima koelmiddel zijn, maar in de winter zit je daar niet op te wachten. Het lichaam wil graag een droge huid hebben. Het kost het lichaam veel energie, om het door het katoen opgenomen zweet te laten verdampen. Energie, die je niet meer kunt gebruiken om je spieren te gebruiken. Met schaatsen is het heel simpel: katoen, nooit doen!

Zelf had ik in 1997 bij de Elfstedentocht de stommiteit begaan om een katoenen trainingsjack over een wollen Ierse trui te trekken als een extra windbreker. Dit had ik beter niet kunnen doen, want de trui was een beetje op gaan stropen en de katoenen mouwen waren op mijn huid gekomen. Het zweet werd door het katoen opgenomen en dat bevroor bij een temperatuur van ongeveer min 10 bij windkracht 6. Gevolg: twee bevro-

ren polsen. En het verraderlijke is: je merkt er niets van! Tegenwoordig is er een ruime keuze aan thermisch ondergoed. Dit ondergoed heeft als grote voordeel, dat je huid droog blijft, doordat het thermisch ondergoed het zweet naar de volgende laag kleding transporteert. Afhankelijk van hoeveel wind er staat kun je kiezen voor thermisch ondergoed met of zonder windbreker. Uiteraard kies je bij een toertocht voor een thermisch hemd met lange mouwen en voor een lange onderbroek.
Daar overheen trek je een fleece en een salopet. De fleece heeft hetzelfde effect als een wollen trui met als grote voordeel, dat het wat meer bewegingsvrijheid geeft als de bekende dikke trui. Als het heel koud is of er heel veel wind staat (windchillfactor!), kun je er eventueel voor kiezen een wollen trui over de fleece te trekken. Over de fleece trek je een trainingsjack zonder katoen of een wielerjack. Let er wel goed op, dat het trainingsjack "ademt" en dat het vocht niet vastgehouden wordt onder het jack, want anders krijg je alsnog de problemen, die je met katoenen kleding hebt. Het vocht moet afgevoerd kunnen worden naar de buitenlucht.
Let altijd op de weersomstandigheden: te dun gekleed is niet goed, te warm ook niet. Je moet ook een gedeelte van de lichaamswarmte af kunnen voeren om optimaal te kunnen presteren.
En hier is het dragen van diverse dunne laagjes van belang: je kunt je snel aan gewijzigde omstandigheden aanpassen!
De keuze voor een solopet boven een schaatspak is een bewuste. Doordat je uren in de kou bent, heb je toch wel eens de behoefte om je blaas te legen. Dat is bij een schaatspak voor mannen al lastig (je moet de rits helemaal openen en vaak is het dan nog moeilijk), vrouwen moeten het schaatspak dan bijna helemaal uitdoen. Bij de salopet heb je daar geen last van, mits je deze handigheid toepast: je moet de "bretels" niet over je

schouder doen. Gewoon de salopet zo hoog mogelijk ophijsen. Doordat de stof elastisch is, blijft het toch wel zitten, zeker als je, net als ik, een kleine heuptas draagt voor je portemonnee en zakdoek. Met een trainingsjack erover ziet toch niemand, hoe het er onder uit ziet.

Eventueel kun je bij een harde wind er nog voor kiezen om ook een wielrenbroek aan te trekken. Het zeemleer van de koersbroek is een extra beschermingslaag voor de edele delen.

Onder de salopet heb ik snijvaste scheenbeschermers met kussentjes om de knieën te beschermen. Denk niet: ik val toch nooit, want de kans op een val is veel groter dan op een kunstijsbaan, doordat er veel scheuren en oneffenheden zijn. En waarom zou je een leuke schaatsdag gaan verknallen door een gekneusde knie, als dat niet nodig is? Een goed alternatief kan een keepersbroek zijn met kniebeschermers én heupkussentjes. Maar dan nog zou ik snijvaste scheenbeschermers aantrekken, zeker als je met een groepje er op uit trekt. Een schaats in je been is ook niet alles….

Aan je voeten doe je dunne thermische sokken om de huid droog te houden met daarover dunne wollen sokken om de warmte vast te houden. Er zijn echter ook sokken, die beide functies in zich verenigen. Zorg echter wel, dat je niets afknelt, want een goede doorbloeding van je voeten is zeer belangrijk bij het voorkomen van bevroren tenen!

Bij de handschoenen is er ook een ruime keuze mogelijk. Ook hier adviseer ik om thermische handschoenen als onderlaag te gebruiken. Wollen handschoenen of wanten, zoals wij vroeger hadden, wil ik niet aanraden: zij laten de wind te veel door. Mijn keuze zou vallen op goede skihandschoenen of snijvaste wielerhandschoenen, uiteraard de wielerhandschoenen die de vingers volledig bedekken.

Daar je ongeveer de helft van je warmte via je hoofd verliest, is een goede muts noodzakelijk.

Als het echt koud is, is een bivakmuts noodzakelijk, eventueel met een gewone ijsmust als extra bescherming er over. Bij temperaturen rond het vriespunt kun je gewoon met een wollen ijsmuts of een fleecemuts toe. Heb je een bivakmuts, dan is je nek over het algemeen afdoende beschermd, anders kun je een wollen das of een fleece-shawl omdoen.

Tot slot iets, wat niet onder de kleding valt, maar toch onontbeerlijk is: een skibril. Zeker bij lagere temperaturen of een harde wind noodzakelijk. Er zijn genoeg toerschaatsers, die een mooie schaatstocht af hebben moeten breken, omdat ze het door bevroren ogen letterlijk niet meer zagen zitten.

A blessing in disguise

De Engelsen hebben er een mooie uitdrukking voor: je denkt dat je pech hebt, maar achteraf heb je daardoor juist een groot geluk: A blessing in disguise. Zo stonden Bauke Dooper, Dries Breugom en ondergetekende op een vrijdag in januari 2009 om kwart over 9 bij de IJshal in Leiden, maar helaas was er geen schaatser, die in het bezit was van een auto. Van het plan om naar de Nieuwkoopse plassen te gaan zagen we derhalve maar af en het alternatief werd Oud-Ade.

We fietsten gedrieën naar de stacaravan van Bauke, waar we direct op het ijs konden stappen. Het had de hele nacht flink gevroren en de zon scheen, waardoor de berijpte bomen een sprookjesachtig landschap opleverde. Het zou de hele dag blijven vriezen, zodat het rijp op de bomen behouden bleef. Over de boerensloten reden we naar het dorp Oud-Ade.

Het ijs was zwart en hard, maar er zaten een paar verraderlijke scheuren in. Dries viel met zijn klapschaatsen al vrij snel een paar keer, waarna de angst om te vallen er bij hem insloop. En dan val je juist!

Bauke wilde aan de verkeerde kant van de brug van het ijs af en trapte er bij het afstappen doorheen. Gelukkig was alleen de punt van zijn schaats in het water. Vanaf Oud-Ade reden we richting campings om al klûnend op de lange boerensloot naar Rijpwetering te komen. Hier moesten we bij de ophaalbrug klûnen, waarna we over het prachtige zwarte ijs naar Kaageiland konden schaatsen. Van Kaageiland konden we over de Kever naar de Boerenbuurt en vervolgens naar de Hanepoel. Het was exact 12 jaar geleden, dat ik op mijn laatste Molentocht op dit gedeelte van mijn "thuisbaan" had geschaatst.

Vanaf de Hanepoel schaatsten we naar Rijpwetering. Bij het pontje trapte Bauke in het riet door het ijs heen, waardoor hij met een paar natte voeten moest schaatsen. Geen probleem. Bij café "De vergulde vos" kon hij zijn kluunschaatsen uitdoen en zijn sokken op de gaskachel drogen, terwijl wij onze erwtensoep opaten.

Bij "De vergulde vos" kwamen we Jos Drabbels en Sophie Stein tegen, die ook volop genoten van de prachtige omgeving op deze prachtige dag. Dries moest ons helaas al verlaten, daar hij zijn hond uit moest laten. Bauke en ik deden nog een rondje Kaageiland-Hanepoel, terwijl Sophie en Jos deze sprookjeswereld vastlegden met hun camera.

De volgende ronde reed Max Dohle met ons mee, de samensteller van diverse bloemlezingen met schaatsverhalen en -gedichten, zoals "IJsvrij", "Op het ijs", "De wereld gaat op schaatsen" en het vandaag zeer toepasselijke "Glad en wijd ligt het ijs". U ziet het, ook vandaag geeft deze bibliothecaris weer gratis leestips.

De volgende ronde reden Bauke en ik weer samen. Op het einde kwamen we Jos en Sophie weer tegen, die de prachtige omslagfoto gemaakt hebben.

Terwijl we op het ijs voor "De vergulde vos" even een hapje aten, stapten Pieter Smit, Letty Ruhaak en Douwe Kinkel op het ijs. Bij de Hanepoel zouden we elkaar weer zien. Een Voorhouter reed met ons mee, terwijl wij ons rondje nog een keer reden in omgekeerde volgorde. Om 3 uur reden we weer over de boerensloten richting Oud-Ade. Klûnend bij de molen kwam ik mijn schoonzus Joke van der Poel tegen, met wie ik zondag naar het Europees kampioenschap in Heerenveen ga.

Om half 4 verlieten we de stacaravan van Bauke, waarna ik als toetje nog 2 uur schaatsles mocht gaan geven in de Leidse IJshal. En een natuurijsperiode werkt stimulerend: er waren 4 kinderen, die een proefles kregen.

Op de Nieuwkoopse plassen was het ongetwijfeld ook leuk geweest, maar deze tocht van zo'n 80 km schaatsen in 5 uur was veel leuker, vooral 's ochtends, toen er slechts enkele tientallen schaatsers op dit prachtige stukje Holland reden. 's Middags was het wel drukker, maar je had nog volop de ruimte. Vandaag kregen we inderdaad "a blessing in disguise".

Alternatieve Molentocht

Op de zo langzamerhand dagelijkse tijd van kwart over 9 verzamelden we ons bij de IJshal aan de Vondellaan. Jaap, Jos, Mijke en Annerieke gingen met de auto naar Rijpwetering, waar Mark zich bij hen zou voegen. Andrea, Paul, Wil, Arjen en Bert fietsten naar de Zomervaart in Oud-Ade. Gezamenlijk reden we naar de Kaag, waar we in tegenstelling tot de dag er voor wel over de Kagerplassen konden schaatsen.

Nadat we een andere groep schaatsers dit hadden zien doen, durfde onze bontgekleurde groep het ook. We reden door tot Warmond.

We reden over zingend ijs, maar op een gegeven moment begon het ijs wel erg te zingen en was ik even bang, dat het zinkend ijs zou worden. Niet dat we sterallures hebben, maar het ijs dacht daar anders over. Maar de sporen van schaatsers voor ons bleken toch over voldoende dik ijs te gaan. In Warmond kwamen we Frans van Rijn en een groep IJVL-ers, waaronder Frank Damen, Gerard Snel en Frans Kamsteeg, tegen.

Gezamenlijk schaatsten we over de Leede naar de Kagerplassen terug. Het onderuitgaan op dit meer was Mijke zo goed bevallen, dat ze het nog maar een keer deed. Voor ons hoefde het niet, maar ieder heeft nu eenmaal zo zijn verzetje. Vanaf de Kagerplassen reden we naar de Ringvaart en vandaar naar Rijpwetering, waar we in "De vergulde vos" erwtensoep en chocolademelk of koffie tot ons namen. Bij de wc hadden ze iemand neergezet aan een tafeltje om € 0,50 voor een toiletbezoek te innen. De afzetters!

Mark verliet ons wegens huiselijke verplichtingen, Hans Boers had die er net op zitten en hij kwam onze gelederen om 12 uur met 25 km achterstand versterken.

Vanaf Rijpwetering toerden we in het zonnetje met de temperatuur net onder nul via de Boerenbuurt naar Nieuwe Wetering

over de Ringvaart. Wij hadden volop de ruimte, terwijl de toertocht op de Nieuwkoopse plassen 15.000 schaatsers trok, ongeveer het aantal deelnemers aan de Elfstedentocht!
Bij Vredeburg konden we niet verder, dus togen we naar de Hanepoel om daar een rondje over het spiegelgladde ijs te rijden. Annerieke had een botte schaats, dus zij reed met Jos alvast vooruit over de Ringvaart naar Kaageiland. Vanaf het pontje staken we de Kever over, waar we Pieter en Letty tegenkwamen, die onze groep op de foto zette.
Kees Borst kwam met een groep Hoogmadenaren aangeschaatst. Van Kees hoorden we, dat we door konden rijden tot Hoogmade. Ook Bauke kwamen we weer tegen. Hij reed met ons mee naar Rijpwetering, waar Annerieke van der Beek en Mijke Hartendorp, die voor de derde keer viel, achter zouden blijven.
Wij kluunden naar de Zomervaart en staken vervolgens door naar het Vennemeer. Hier vandaan konden we over de slingersloot naar Hoogmade. De verbrede A4 en de HSL zorgden voor minstens 400 meter klûnen. Arjen, die de meeste kluunplekken kruipend aflegde, vond dit toch wel te gortig. Paul Verkerk, nooit te beroerd om het vuurtje op te stoken, sprak de profetische woorden:"Zullen we hier de groep maar splitsen in een snelle en een langzame groep?" Hij had volkomen gelijk. Degenen met kluunschaatsen namen al wandelend een flinke voorsprong op de gewone schaatsen.
Ook de Does had zwart spiegelglad ijs, zodat we met lange slagen vanaf de Boskade naar het centrum van Hoogmade reden. Helaas moest je een flink eind klûnen om op de Wijde Aa te komen, zodat we daar vanaf zagen. Na gekeken te hebben, of we tot Leiderdorp door konden schaatsen, wat zonder klûnen niet kon, reden we terug op de heenweg. Hans gleed op de Boskade uit op een strootje en kwam hard op zijn elleboog terecht.

Toen wij afsloegen naar Oud-Ade, reed Bauke door naar zijn stacaravan. Bij de molen van Oud-Ade had Arjen de lachers op zijn hand, toen hij kruipend de weg overstak bij de hoge brug en zo het autoverkeer ophield. Via de Zomervaart kwamen we weer uit bij "De vergulde vos". Onze Alternatieve Molentocht zat er met exact 60 km op de GPS op.

Hans, Wil en Bert dachten hier anders over en zij reden naar Kaageiland. Terecht, want zij hadden, genietend van een Glühwein, een prachtig panorama van de wirwar van schaatsers en ijszeilers, terwijl de zon werd weerspiegeld op de spiegelgladde ijsvloer.

Terwijl de koude wind opstak, zat om kwart over 4 na 70 km plezier ook deze prachtige schaatsdag er op. Terwijl wij onze schaatsen op de brug uit trokken, hoorden we een prachtige uitdrukking van een klûnende vrouw: "Ik bips me er wel overheen....."

Pelotonschaatsen

Anders dan bij het langebaanschaatsen gebruikelijk is, waar je veelal met slechts één andere schaatser op de baan bent, is het bij toertochten gebruikelijk, om er met een groep(je) op uit te trekken. Het schaatsen in een groep vraagt een andere manier van schaatsen. Is het bij wedstrijden de bedoeling om anderen eraf te rijden, bij toerschaatsen is het juist de bedoeling om elkaar zo veel mogelijk te ontzien. Je wilt immers met elkaar zo ver mogelijk schaatsen.

Dit betekent voor de training, dat je jezelf moet oefenen in het rijden in een peloton. Eén van de belangrijkste vaardigheden, waar je over moet beschikken, is het kunnen rijden in een gelijkmatig tempo. Met marathonschaatsen probeer je elkaar met tempoversnellingen en demarrages langzaam maar zeker te slopen, voor het toerschaatsen is gelijkmatig rijden een basisvoorwaarde. En hoe simpel het ook lijkt om gedurende langere tijd één tempo aan te houden, vaak ook met de handrem erop, lang niet iedere schaatser bezit deze vaardigheid!

Toch is het, zoals bij veel andere vaardigheden, te oefenen. Dat kan, door regelmatig, en dan liefst wekelijks, in een peloton te gaan schaatsen.

Zelf train ik meestal 2 keer in de week op vrije uren in de Leidse IJshal, veelal op dinsdagavond en op donderdagochtend. Op dinsdagavond wordt er van 8 tot 9 hard doorgekacheld door diverse groepen. Soms rijden er drie pelotons naast elkaar door de bocht.

Degenen, die aan de kop van zo'n groep rijden, rijden vaak lang op kop. Tot plaats 6 of 7 heb je het makkelijk: je rijdt in de luwte van de kopman, hebt goed uitzicht over wat er voor je gebeurt en kunt in één tempo blijven rijden. Na plaats zeven wordt het steeds meer harmonicarijden. Er vallen gaten voor je, die je telkens weer dicht moet rijden. Hoe verder naar achteren, hoe sterker dit harmonica-effect wordt! Op zich geen verkeerde training trouwens. Op natuurijs moet je ook regelmatig kleine gaatjes dichtrijden.

Maar gaandeweg kom je als achterste steeds verder naar voren, doordat er telkens mensen voor je (en achter je, maar dat heeft voor jou verder geen gevolgen) uit het peloton vertrekken, hetzij door aan te sluiten bij een snellere groep, die jouw peloton op een rondje gereden heeft, hetzij doordat zij langs de boarding even temporiseren en de benen en rug strekken. Als je dus lang genoeg in de dezelfde groep blijft, wordt je zelf op een gegeven moment kopman.

Op donderdagochtend rijd ik met een losvaste groep "Krasse knarren", waarvan de meesten ook op dinsdagochtend actief zijn. We rijden dan vaak een piramide, met allerlei variaties in tijdsduur: van tweeënhalve tot vijftien minuten, in een zodanig tempo, dat iedereen het bij moet kunnen houden. Soms is de groep 8 personen groot, maar soms ook ruim 20. In totaal rijden we één uur met de hele groep. Om de vijf ronden laat de kopman zich naar de staart afzakken. We proberen dan zoveel mogelijk, dat iedereen een keer de koppositie krijgt. Het tempo ligt lager dan op dinsdagavond: gemiddeld rijden we tussen de 25 en 27 kilometer in het uur. Wie het te langzaam vindt gaan, gaat er met een paar maten vandoor en sluit, na het peloton op een ronde gezet te hebben, weer achter aan.

Juist op de donderdagochtend leer je zeer goed in één tempo rijden. Op dinsdagavond is het degene, die op kop rijdt, die bepaalt, hoe hard het gaat, en dat is nogal eens verschillend, bij de ochtendgroep geeft de rest van de groep aan, als het te snel gaat en zodoende gaat het bijna altijd zeer gelijkmatig: een ideale voorbereiding voor toerschaatsen dus.

Door het van kop af gaan na 5 ronden oftewel na 1 kilometer, oefen je deze vaardigheid ook meteen. Vooral als je met een groep tegen de wind in schaatst, is het handig, als je getraind bent in het van kop af gaan en dan aan de luwe zijde achter aan sluiten bij de groep. Dit onderdeel, het aflossen, is trouwens één van de moeilijkste onderdelen als het gaat om een gelijkmatig rijden: vaak gaat degene, die overneemt, in een hoger tempo rijden. Wielrenners zullen dit verschijnsel ongetwijfeld herkennen. Je bent immers frisser dan degene, die je aflost en wil er dan soms "een snok aan geven". Met een groep fietsen is trouwens ook een uitstekende voorbereiding op het pelotonrijden: dezelfde vaardigheden worden geoefend.

Een andere vaardigheid, die je leert, is alert zijn op wat er voor je gebeurt. Soms gaat er vlak voor je iemand onderuit. In een fractie van een seconde moet je dan beslissen, of je links of rechts passeert! Het is heel handig, als je hier op getraind bent, want op natuurijs vinden veel meer valpartijen plaats, o.a. door scheuren in het ijs en dan komt het kunnen ontwijken van vallende schaatsers zeer goed van pas.

Als je in een peloton rijdt, heb je, ten opzichte van je voorganger, twee manieren van rijden: je kunt in zijn slag proberen te rijden, maar je kunt er ook voor kiezen om bewust juist uit de slag te schaatsen. Het in de slag schaatsen heeft als grote voordeel, dat je zo min mogelijk wind vangt, dus je spaart jezelf zoveel mogelijk. Het nadeel is, zeker als je wat kleiner bent, zoals ik, dat je minder goed in de gaten hebt, wat er voor je allemaal plaatsvindt. Het omgekeerde gebeurt bij het uit de slag schaatsen: je vangt wat meer wind, maar kunt precies zien, welke obstakels op jouw pad liggen. Vooral op natuurijs kies ik hier eigenlijk bijna altijd voor. Je ziet, waar de scheuren liggen, zodat je je slag haaks hierop kunt maken. De meeste kans om in een scheur te rijden heb je immers, als je slag evenwijdig aan een scheur loopt.

Voor de training op kunstijs betekent dit, dat ik ook heel vaak uit de slag rijd.

Een andere "speciale techniek" is, dat je af en toe op twee ijzers moet glijden, bijvoorbeeld als er voor je wat langzamer gereden gaat worden of als je in de gaten krijgt, dat je alert moet zijn. Door op twee ijzers te glijden, kun je makkelijk zowel naar links als naar rechts uitwijken. Bij natuurijs is dit soms een zeer handige vaardigheid, vooral op stukken met slecht ijs of veel scheuren!

Al met al kunnen we concluderen, dat het rijden met een groep(je) op natuurijs zeer goed te oefenen is, zowel op de fiets als op de kunstijsbaan, met als leidraad de gelijkmatigheid, zodat iedereen het vol kan houden. Ook train je alertheid, die groter moet zijn dan als je (vrijwel) alleen op de baan bent. Het motto van zo'n toertocht is en blijft: samen uit, samen thuis. En vooral: gezond samen uit, samen thuis!

Stuifsneeuw

Het KNMI had op deze zaterdag in januari 2010 een weeralarm afgegeven vanwege de combinatie van sneeuwval en een harde wind. Dit zou stuifsneeuw op kunnen leveren. Het Leidsch Dagblad adviseerde op de voorpagina in de kop van het hoofdartikel zelfs om vandaag binnen te blijven. Kortom: ideaal weer om te gaan bikkelen op de Kaag.

We vertrokken met zijn zessen vanaf de IJshal naar Rijpwetering, waar we bij "De vergulde vos" het ijs op stapten voor een eerste rondje. Jaap de Gorter, Wil Verbeij, Annerieke van der Beek, Robert Nozeman en Bauke Dooper hielden mij gezelschap bij deze tocht. Het ijs was over het algemeen best goed, ondanks de sneeuw, die er op lag.

Af en toe kwam je andere groepen schaatsers tegen, waarbij we elkaar informeerden, waar je kon schaatsen en waar niet. Daarbij was iemand, die mij in mijn TNT-pak met Fryslân-muts herkende van mijn weblog.

We wilden richting Warmond, maar op een gegeven moment hielden de schaatssporen op. Voor ons het sein om op onze schreden terug te keren. Nu kregen we de wind tegen. Dat was hard werken, maar in een redelijk pittig tempo gingen we naar Kaageiland.

Ook op deze manier leek het ons niet verstandig om naar Warmond te rijden. Later op de dag kregen we te horen, dat dat een verstandig besluit was geweest: er waren een paar mensen door het ijs gegaan op het stuk, wat wij niet vertrouwden.

Wat dat aangaat was het heerlijk om Bauke er bij te hebben. Hij kent de Kaag op zijn duimpje en weet, waar de diepe plekken en sterke stromingen zitten.

Wij schaatsten via de Kever naar Rijpwetering terug. Het laatste stuk was slecht ijs.

Intussen belden Paul Verkerk en Andrea Landman, dat ze er ook

aan kwamen. Hun tocht over de Kaag begon in "De vergulde vos". Na de koffie en warme chocolademelk vertrok het achttal bikkels waar naar de Kaag. We waren het helemaal eens met de waarschuwing van het KNMI. Daardoor was het nog lekker rustig op de Kagerplassen.
We schaatsten naar de Kaagsociëteit en vandaar naar het Vennemeer. En zowaar: we zagen een keer, waar de hele dag al voor gewaarschuwd was: stuifsneeuw!
In de kantine van Watersportvereniging "Vennemeer" namen we een kop erwtensoep, voor we via Oud-Ade weer terug schaatsten naar Rijpwetering. Bij het naar buiten gaan kwam ik Ralf Nijssen bezig. Vanochtend was hij het Zweiland overgestoken, nu lag op die plek een heel groot wak, waar je niet omheen kon. Ook dat is natuurijs. Je moet altijd geconcentreerd blijven!
Het ijs op de boerensloten was beduidend slechter dan op de meren. Desondanks verwacht ik, dat we volgende week voor het eerst sinds 1997 weer eens een échte Molen- en Merentocht kunnen schaatsen. Eindelijk!
Om kwart over 2 verlieten we het ijs, om 3 uur was ik weer thuis om meteen door te lopen naar de Schenksloot. Terwijl ik mijn kluunschaatsen aandeed kwam er een hardloper langs over het fietspad. In een korte broek.....
Het ijs was hier redelijk goed en met de harde wind in de rug reed ik van kluunplek naar kluunplek naar de Horsten. In de bossen, waar ik met Hans Boers nog wel eens train met hardlopen, kon je redelijk in de luwte over besneeuwd ijs rijden.
Het blijft een mooi bos, maar vanaf het ijs heeft het toch wel iets speciaals.
Het was zwaar op de terugweg naar de Stevenshof. De wind pal tegen in de kale polder.
En je kon ook goed de werking zien van de wind. Bij een windwak bij de molen in de polder kon ik op de heenweg over een

niet al te brede rand toch blijven schaatsen. Door de harde wind was er zoveel water op het ijs gekomen, dat dat nu volstekt onverantwoord was. Je zag, dat het windwak groter was geworden in een uur tijd.

Na deze extra kluunplek buffelde ik door met de wind pal tegen, genietend van het natuurijs vlak bij huis, en van de mooie polder bij de Maaldrift. En zowaar: ik zag af en toe stuifsneeuw!

Tegenwind

Bij het rijden van een toertocht, krijg je vrijwel altijd met wind te maken, daar het in ons vlakke land bijna nooit windstil is. Het schaatsen met wind zijn velen verleerd, doordat vrijwel alle ijsbanen tegenwoordig overdekt zijn.

Nu bestaat er een groot verschil tussen het rijden met meewind (de tips daarover komen in de volgende IJskout) en het rijden met tegenwind. Doordat je tegenwind hebt, zul je, voor het ontwikkelen van snelheid, veel meer luchtweerstand moeten overwinnen. Daarnaast krijg je te maken met de befaamde windchillfactor. Op wikipedia staat een prachtig staatje, hoe de windchill uitpakt bij welke temperatuur en windkracht. Een temperatuur van −4 voelt bij een windsnelheid van 12 meter per seconde (windkracht 6) aan als −23! Bij meewind heb je geen last van de windchill, je gaat immers met de verplaatste lucht mee.

Het schaatsen met tegenwind vraagt om aanpassing van je slag. Doordat je meer luchtweerstand moet overwinnen, kun je minder lange slagen maken dan op de windstille banen. En dat is helemaal niet erg, want doordat natuurijs werkt, zitten er scheuren in het ijs. Met een kortere slag kun je beter deze scheuren ontwijken dan met lange klappen. Kortom, een prikslag is op natuurijs helemaal zo gek nog niet. Evert van Benthem won er in de jaren '80 niet voor niets twee keer op rij de Elfstedentocht mee. De prikslag is wel iets, wat je moet oefenen: als je altijd alleen maar lange slagen maakt, is het moeilijk om over te schakelen naar een kortere slag met, onvermijdelijk, een veel hogere slagfrequentie. Nu heb ik makkelijk praten, omdat ik van nature al met een prikslag rij, deels als gevolg van een matige techniek, maar op natuurijs heb ik hier, zeker met tegenwind, veel profijt van.

Met tegenwind wil je natuurlijk zo min mogelijk wind vangen.

Om dit te bereiken zijn er 2 methodes: jezelf zo klein mogelijk maken of in een groepje rijden en dan om beurten kop nemen. Aan dit pelotonrijden zal ik een keer speciaal aandacht besteden in toertochttips.

Het jezelf klein maken kun je op 2 manieren bereiken: door diep te zitten of door je bovenlichaam zo ver mogelijk voorover te buigen.

Diep zitten heeft als voordeel, dat je meer snelheid kunt maken, doordat je je afzetbeen verder uit kunt strekken. Het heeft echter ook een nadeel: je houdt het niet zo lang vol, doordat je benen "vol" lopen. Kijk maar eens hoe diep schaatsers zitten met de 500 meter en met de 10 kilometer. Bij de laatste afstand zit men al veel minder diep. Hoe langer de afstand, die je af wenst te leggen, des te hoger je moet gaan zitten om het vol te kunnen houden.

Blijft dus over: je bovenlichaam zo ver mogelijk voorover buigen. Dit zul je het hele seizoen al moeten oefenen. Denk niet, dat je dit zomaar eventjes kunt, als er natuurijs ligt! Vooral je rugspieren moeten hier goed op getraind zijn. Je moet deze houding soms een paar uur achter elkaar vol kunnen houden, afhankelijk van de afstand, die je af wenst te leggen.

En hier hebben we meteen het punt, waarom de Elfstedentocht zoveel zwaarder is dan welke andere 200-kilometertocht: als je bij Stavoren tegenwind krijgt, heb je dat 100 kilometer lang.

Er is vrijwel geen punt, waarop je je rug even kunt strekken. Natuurlijk kun je wel trainen op tegenwind: allereerst op de ijsbaan in Haarlem, liefst met windkracht 7 of 8. Als Haarlem overkapt is, is de Jaap Edenbaan een prima alternatief. Een nog beter alternatief komt mogelijk over een paar jaar in zicht: Jan Maarten Heideman is bezig om bij Biddinghuizen een kunstijsbaan van 5 kilometer van de grond te krijgen. Als deze baan er is, kun je daar op een winderige dag uitstekend oefenen op zo-

wel de prikslag als op het diep voorover buigen van de romp.
In het zomerseizoen is echter ook goed te oefenen. Juist als er veel wind staat, kun je tegenwind rijden oefenen op skeelers. Je kunt op zo'n dag ook een lange fietstocht door de polders maken, met als extraatje een gratis snelheidstraining als je de wind in de rug krijgt.

Vooral op de racefiets heb je de houding van de romp, die je met schaatsen tegen de wind in ook moet hebben: zo aerodynamisch mogelijk.

Door het rijden tegen de wind in, krijg je meer kracht in je benen. Deze kracht heb je hard nodig, als je op natuurijs tegen de wind in moet beuken. Zelf heb ik wel eens op natuurijs gereden met windkracht 8. Als je stil stond, werd je op je schaatsen achteruit geblazen!

Een andere mooie training is op zo'n dag naar het strand te fietsen en op het strand te gaan hardlopen. Na afloop ben je kapot, maar de basis voor (tegenwind) schaatsen op natuurijs wordt in de zomer al gelegd. Want ook het rijden tegen de wind in is te oefenen!

Meewind

Tijdens mijn allereerste echte toertocht, op de Westeinderplassen in de winter van 1970, maakte ik de klassieke fout: met de wind in de rug zo hard mogelijk schaatsen. Ik was destijds 14 jaar en we waren met de Mavo uit Hoofddorp met de bus naar Aalsmeer gegaan, waar we aan de noordelijkste punt van de Westeinderplassen aan de tocht over 30 kilometer begonnen.
Het was in het Ard-en-Keessie-tijdperk, dus Bas Warnink en ik vertrokken met een paar klasgenoten, om onze idolen te imiteren, op volle snelheid met de wind in de rug via Kudelstaart naar Leimuiden.
In die tijd waren er zeer weinig kunstijsbanen in Nederland, dus je kon eigenlijk alleen schaatsen, als er natuurijs was (in die jaren gelukkig heel wat meer dan tegenwoordig), maar als een stel jonge honden waren wij het schoolvoorbeeld van het Friese gezegde: "Voor de wind is iedereen een harde rijder."
Dat waren we dan ook tot het keerpunt in Leimuiden, waar we een klein uur later de wind moesten gaan trotseren. En daar we alles gegeven hadden, ongeoefende schaatsers als we waren, was de terugweg een kleine martelgang, waar we via Burgerveen en Rijsenhout dik drie uur later weer aankwamen bij de watertoren van Aalsmeer.
De wijze les, die ik hier geleerd heb: spaar je krachten als je meewind hebt. Ga zoveel mogelijk profiteren van dit buitenkansje om je reserves intact te houden voor het moment, dat je tegenwind krijgt. Hoe langer de tocht, des te belangrijker dit wordt! Er is niets mis met het rechtop rijden. Je vangt meer wind, hetgeen op dat moment is je voordeel werkt. En je krijgt de mogelijkheid, om je rugspieren zich te laten ontspannen. Deze krijgen genoeg te verduren, als je weer met je kop in de wind komt te zitten.
Hier hebben we ook meteen het punt, waarom de Elfsteden-

tocht zoveel zwaarder is, dan welke andere tocht ook: je hebt van Stavoren tot aan Dokkum vrijwel uitsluitend tegenwind, dus geen enkel rustmoment. Je bent dan wel al bijna 70 kilometer onderweg. Als je te veel krachten heb verspild in het traject van Leeuwarden naar Stavoren, door simpelweg gewoon te veel vaart gemaakt te hebben (hetgeen natuurlijk erg leuk is, als je nog fit bent), wordt het heel moeilijk om Dokkum te bereiken. Iedere "Alternatieve Elfstedentocht" is om deze reden beter te doen, dan de "echte". Om de 10 tot 12 kilometer krijg je 10 tot 12 kilometer om te herstellen met de wind in de rug. Doe dat dan ook. Je kunt, terwijl je rustig rechtop schaatst, prima een hapje eten of wat uit een bidon drinken. In een rustig tempo leg je al snel een kilometer af, terwijl je de inwendige mens verzorgt.

Wel zul je zien, dat degenen, die een goede techniek hebben, het meeste profijt hebben van de wind in de rug. Hun slagen zijn van nature langer, doordat ze een betere afzet hebben, en waar je met tegenwind dat met een hogere beenfrequentie aardig kunt compenseren, wil je dat met de wind in de rug juist niet. Dan gaat je hersteltijd immers verloren.

Nu is de vraag: is dit te oefenen buiten het natuurijsseizoen. Het antwoord is: ja. Probeer, als je op een dag met wind fietst, zowel met wind tegen als met wind mee eens, zoveel mogelijk dezelfde snelheid te handhaven: rij je tegenwind 23 kilometer in het uur, probeer dat dan ook met de wind in de rug. Je zult zien, dat je dan automatisch (het lichaam geeft het eigenlijk al vanzelf aan) je rug recht. Met skeeleren kun je dit ook oefenen, hoewel je dan natuurlijk geen kilometerteller hebt, die de snelheid aangeeft. Ook op een openluchtbaan als Haarlem kun je dit oefenen, hoewel de rechte stukken wel wat kort zijn.

Maar dat geeft niet, het is ook een stukje mentale training. Wij zijn immers gewend, om te trainen om zo snel mogelijk te kunnen schaatsen. En nu moet je jezelf oefenen, om langzamer te willen gaan, terwijl de omstandigheden met een rugwind juist zo geschikt zijn om zo hard mogelijk te kunnen gaan. Een schoolvoorbeeld van een paradox.

Voor de wind is iedereen een harde rijder, maar wie zich juist dan weet te sparen, komt het verst op natuurijs.

Watervogelplas

Om 7 uur rinkelde de wekker en kon ik na bijna 2 weken weer mijn natuurijskleding aantrekken. Na het ontbijt fietste ik naar de Leidse binnenstad om op de boerenmarkt wat levensmiddelen voor de komende dagen in te slaan. Het plan, om om 9 uur op het ijs van de Vogelplas te staan, viel hiermee in het water. Maar ja, vroege vogels zijn voor de poes.
Het werd dus een uur later, dat ik mijn eerste slagen maakte. Joop van Kleef, René Strelzyn en Dick van Beelen reden al een tijdje rond. Toen ik bijna mijn eerste rondje op de Vogelplas voltooid had, kwam ik Wim van Huis, Henk, Jan en Michel Versteegen, Bert Raaphorst en Aad Berg tegen. Met "The Shoes" reed ik twee rondjes in een hoog tempo. Vooral toen Aad Berg, die in een grijs verleden nog even in de kernploeg heeft gezeten, de kop overnam, werd het tempo flink opgeschroefd.
Na twee ronden tempotraining haalden we Paul Verkerk in. Ik liet me afzakken en reed met hem in een rustiger tempo naar Joop van Kleef, Dick van Beelen en René Strelzyn. Gezamenlijk maakten we de eerste 10 rondjes vol. Een mooi moment om de inwendige mens te gaan versterken. Na twee bananen weggewerkt te hebben, begon ik aan de tweede serie van 10.
Ada was inmiddels ook gearriveerd op het winderige meer. Het is altijd een gek gevoel, om al schaatsend tegen de zuidwestenwind op te moeten boksen, maar geleidelijk aan werd het toch echt windkracht 7. Het was een zware training, maar met een Elfstedentocht kun je zo'n windkracht ook treffen. De laatste paar ronden pikten Dick en ik aan bij een groepje, waar een paar marathonvrouwen op kop reden. Even buffelen, maar daar word je alleen maar sterker van.
Wim van Huis had 20 ronden erop zitten en vertrok, net als de meeste andere bekenden, zoals Frans Kamsteeg, Willeke van der Weiden en Gerard Snel. Nu ik het daar toch over heb: de

verschillende manier van schaatsen tussen Gerard en mij kwam vandaag op de Vogelplas duidelijk zichtbaar naar voren. Gerard rijdt snel, ik rijd breed!

Ada was na 5 rondjes ook vertokken voor een studiemiddag op school. Ik reed 11 rondjes samen met Edwin Minnee, die als Katwijkse kapper goed wist, hoe je met scherpe ijzers om moet gaan. Edwin had trouwens bij mijn collega Nelina Houwaart-Pluimgraaff in de klas gezeten. De wereld is maar klein....

Ik kon deze dag trouwens mijn nieuwe lichtgewicht bivakmuts uittesten. Mijn oude wollen bivakmuts was vorige week in een verkeerde was terechtgekomen en was behoorlijk gekrompen. Na 23 jaar trouwe dienst moest ik hem afdanken. De nieuwe Me'ru'-bivakmuts beviel trouwens prima. Doordat hij behoorlijk dun is, kun je hem makkelijk wegbergen als de bivakmuts niet meer nodig is.

Er waren trouwens twee "kiteskaters" bezig, die zich met een grote parachute met flinke snelheid over het ijs van de Vogelplas voort lieten trekken in de harde wind.

Ik denk, dat Paul Verkerk dat ook wel zou kunnen.

Met 31 ronden achter de kiezen kwamen Jos Drabbels, Jaap de Gorter en Kobus Turk de gelederen versterken, net als Willem Verduyn en nog een collega van Jos.

Zij troffen het niet, want door de harde wind was er veel water op het ijs geblazen vanuit het kleine wak in het midden van de Vogelplas. Eerst konden we er nog omheen schaatsen, pal langs de rietkraag, maar na 2 ronden was dat onmogelijk. Op hoop van zegen moesten we dus door het water heen rijden. Hier kon je je geen misslag veroorloven!

Maar goed, het hele jaar door zitten en zwemmen er watervogels in dit ondiepe meertje, dus schaatsen door ondiep water hoort er dan ook een beetje bij. Als een soort watervogels zochten wij onze weg in de steeds breder wordende plas water op

het ijs.
Na 7 rondjes was er een drinkpauze, waarbij we Douwe Kinkel weer eens tegenkwamen. Er werd warme chocomel en erwtensoep besteld bij de koek-en-zopie in de bouwkeet. Hier konden we lezen, dat één rondje 2.200 meter was en dat het ijs 7 cm dik was.
Jos, Jaap en Kobus hielden het op het dooiende ijs voor gezien.
Ik wilde de 100 km volmaken.
Het begon nu wel een beetje afzien worden. De ijzers sneden wat dieper in het ijs. Voor de wind is dat niet zo'n probleem, maar met windkracht 7 tegen ligt dat toch wel een tikkeltje anders. Ik reed nu telkens tot de waterplas op het ijs en reed dan via dezelfde route weer terug naar de opstapplaats.
Na 46 rondjes had ik de 100 km volbracht, maar daar ik net met een andere schaatser aan het rijden was, die ongeveer hetzelfde tempo had, knoopte ik er nog twee dubbele ronden aan vast, zodat ik uitkwam op 50 rondjes van 2,2 km. Inclusief pauzes deed ik over deze 110 km 5 uur en 3 kwartier. En dat met die harde wind. Met de vorm zit het dus wel goed. Wie weet komen er nog lange tochten op natuurijs, en anders kan ik deze trainingsarbeid goed gebruiken op 20 februari 2010 bij IJsstrijd.
Er kwam nu overal op de Vogelplas water op het ijs. Het werd langzaam maar zeker weer een Watervogelplas.

Synchroonzwemmen

Met zijn zessen kwamen we vanochtend om half 11 in Ankeveen aan. Joop van Kleef, Bauke Dooper, Hans van der Plas, Edwin Minnee en Dick van Beelen waren mijn schaatsmaten vandaag. We begonnen in hetzelfde café als gisteren en na de koffie en warme chocolademelk schaatsten we naar het meertje, waar we gisteren 10 tot 12 rondjes gereden hadden.

Waar Ankeveen dit jaar bij de sneeuwval tot nu toe ontzien was, was er gisterenavond 5 á 10 cm gevallen. Het reed dus een stuk zwaarder dan gisteren. Maar op het meertje stond een nog hardere wind dan gisteren, dus grote gedeeltes waren schoongewaaid. Nog steeds was er jachtsneeuw, dat met grote snelheid over het spiegelgladde zwarte ijs geblazen werd om achter rietkragen sneeuwduintjes te vormen.

Na een aantal rondjes gereden te hebben, gingen we op avontuur. Hoewel, avontuur? We volgden de tientallen schaatssporen op de brede sloot achter één van de vele rietkragen. Tot alle sporen pal langs een rietkraag gingen. Hier moesten we dus oppassen. Hans van der Plas ging hier voorop, met Edwin Minnee op een meter of 5 achter hem.

Net toen we dachten, dat Hans de zwakke plek gepasseerd was, verdween hij grotendeels uit het zicht. Hij stond tot aan zijn ribbenkast in het koude water. Nu had hij afgelopen maand op een schip op de Oostzee gezeten met temperaturen tot min 20, maar dit was toch wat anders.

Edwin wilde een touw pakken om dat naar Hans toe te gooien, maar zo ver kwam hij niet. Kennelijk stond hij ook op een te zwakke plek en hij verdween tot zijn knieën in het ijskoude water. Hans was na een minuut watertrappelen eindelijk uit het wak gekomen en via de rietkraag liep hij naar ons toe, samen met Edwin, met wie hij zo mee kan doen aan het Katwijks kampioenschap synchroonzwemmen.

We schaatsten via de veilige route naar het café terug, waar Hans zijn natte kleren uit deed. Ik liep naar de auto, waar ik een tas met een complete set droge schaatskleren ophaalde. Je hoopt het nooit nodig te hebben.....
Dit is dus een gratis Toertochttip: neem altijd een volledige set droge schaatskleding mee, van thermisch ondergoed tot aan trainingsjack aan toe.
Terwijl Hans zich aan het omkleden was, reden wij naar het meertje, waar we over het zwarte ijs reden. Toch begon hier op het stuk langs de dijk steeds vaker wat gekraak te beluisteren. Het dooide lichtjes in het zonnetje en met zo'n 5 cm sneeuw op het ijs moet het toch minstens 3 graden vriezen om dezelfde dikte te behouden.
Na een rondje of 7 gereden te hebben kwam Hans van der Plas aangereden in mijn reservekleding. Je moet als Katwijker er een hoop voor over hebben om je in kleding van de Leidse IJVL te mogen hullen!
Nu we het toch over de schaatsuitrusting hebben. Edwin Minnee heeft een kapperszaak in Katwijk en hij reed, net als Bauke en ik, op kluunschaatsen. Hij noemde het "homoschaatsen".
"Ach, kappers hebben nu eenmaal de naam homo te zijn, dus dan maakt het ook niet meer uit als je op homoschaatsen rijdt!"
Met Hans erbij gingen we het middelste meer weer verder verkennen. Zodoende kwamen we weer op de brede sloot uit, waar we een groep van een man of 6 ruim 200 meter voor ons uit zagen rijden. Zij volgden onze sporen en reden recht op het wak af. En ja hoor, ook uit deze groep gingen er twee synchroonzwemmen in hetzelfde wak!
Wij reden terug naar het meertje, reden daar twee rondjes en reden weer naar de brede sloot.
Hier zagen we een paar mensen uit een smal slootje dwars door de bossen komen. Wij reden in omgekeerde richting en kwamen

uit bij een dammetje. Op een brede sloot schaatsten we terug naar het café voor de snert en om onze proviand te nuttigen.
Bij het wegrijden na de lunchpauze kwamen we Dick de Bles tegen. Met hem reden we naar het kleine meer. We kluunden door de sneeuw over het dijkje en reden via een bocht naar de opstapplaats bij het weiland aan de Bergseweg.
In tegenstelling tot de vorige keer was hier niet geveegd, zodat het ploegen door de sneeuw was. Toen Dick en Edwin halverwege dit meer over wilden steken op het zwarte ijs, gaven de sterren in het ijs duidelijk aan, waarom hier nog niet geveegd was.
De beide schaatsers keerden snel om en we reden terug naar de sloot langs het dijkje.
Edwin wilde toch natte voeten halen en bij het van het ijs stappen lukte het voor de tweede keer op deze winterdag. Via het smalle slootje door het bos reden we naar het meertje met zwart ijs toe, waar we tot half 3 nog rondjes bleven schaatsen in de harde wind met jachtsneeuw.
Via de bossloot reden we terug naar het café, waar we om 3 uur onze schaatsen uitdeden en onder het genot van warme chocomel nog zaten na te genieten van onze prachtige tocht op en voor sommigen in de Ankeveense plassen. Hans van der Plas, met wie ik volgende week bij IJsstrijd 200 km ga schaatsen voor de Nierstichting, vroeg aan mij: "Ik krijg vandaag zeker de hoofdrol in jouw verslag?"
Dat had Hans goed geraden!

Schaatsen

Het is een open deur van hier naar Tokio, maar het belangrijkste gereedschap bij het rijden van een toertocht zijn de schaatsen. Je hebt ze in alle soorten en maten, dus er valt genoeg over de schaatsen te vertellen.

Zoals bijna iedereen van mijn generatie ben ik begonnen op Friese doorlopers. Deze houten schaatsen met een ronde voorkant zijn op zich prima geschikt voor het rijden op natuurijs: door de ronde voorkant rijd je niet zo snel in scheuren. De Friese doorloper heeft wel een groot nadeel, en dat is de binding. Je moest met oranje linten (andere kleuren werden niet geleverd) de doorlopers vast aan je voeten zien te krijgen. De linten werden door het leer gehaald, dat vastgeschroefd zat aan de houten schenkel.

Nu droegen we in mijn jeugd meestal rubber laarzen met daaronder (geiten)wollen sokken. Mijn vader maakte ze meestal zeer strak vast. Achteraf weet je, dat je bloedsomloop in je voeten afgekneld werd, dus dat je na het schaatsen tinteltenen kreeg was niet meer dan logisch. Wat ook logisch was, was dat de linten na verloop van tijd losser gingen zitten. Zelf kon je dus ook regelmatig proberen om de schaatsen weer wat strakker vast te maken. Kortom, Friese doorlopers zijn niet ideaal, ook al zijn het prima schaatsen om het op te leren.

Hetzelfde geldt voor de houten noren. Deze kreeg je, als je groter werd en er een oudere broer of zus uitgegroeid was.

Een hedendaags alternatief voor de houten schaatsen zijn de easy gliders. Deze kunststofschaatsen hebben een andersoortige binding: geribbelde plastic bindingen worden vastgeklemd en kunnen niet meer terug schuiven. Wat dat aangaat is het een verbetering. Een nadeel is echter, dat de plastic binding in de kou hard wordt en zijn flexibiliteit verliest. Ook de plastic schroefjes, waarmee de binding in de kunststof schenkel is vastgezet, zijn vrij kwetsbaar. Het verdient dan ook aanbeveling om in ieder geval een paar schroefjes en eventueel een geribbeld plastic binding mee te nemen voor het geval dat.

Het voordeel van zowel de houten als de kunststofschaatsen is, dat je bij kluunplaatsen de schaatsen vrij makkelijk uit kunt doen en gewoon lopen. Daarna dien je ze uiteraard wel weer vast te maken.

Het alternatief van bovengenoemde schaatsen zijn de schoenschaatsen. Tegenwoordig is dit de standaard, in mijn jeugd was het nog een luxe artikel. De eerste schoenschaatsen kreeg ik, toen ik een jaar of 14 was, uiteraard minimaal tweedehands. De noren, die ik kreeg waren van het merk Ving en ik heb er een jaar of 15 op gereden. Toen het fut uit het leer ging, kocht ik Viking Mid's, alvorens ik overstapte op de klapschaats, eveneens van Viking.

Op zich rijden klapschaatsen prima op natuurijs. Ze hebben echter één groot nadeel ten opzichte van de vaste schaats. Als je in een scheur rijdt, blijft het ijzer vast zitten. Dit gebeurt met vaste schaatsen ook, maar hierbij wordt je val afgeremd, doordat het ijzer zowel voor als achter vast zit aan de schoen. Bij de klapschaats is hier geen sprake van. Je ijzer zit vast, door de voorwaartse kracht kantel je als het ware voorover over het scharnierpunt heen en met een flinke klap kom je op het ijs terecht. De klapschaats is dan met recht een klapschaats!

Natuurlijk hebben de schoenschaatsen een groot voordeel ten opzichte van de houten: doordat ze vast aan je voet zitten, kun je veel meer kracht zetten en kun je je techniek veel beter benutten, doordat de schaatsen niet "scheef" onder je voeten zitten. Vergis je hier niet in: een paar millimeter afwijking en je rijdt al snel slechter, doordat de drukpunten verkeerd zitten. Uiteraard is het wel noodzakelijk, dat de schoenen goed aan je voet zitten. Te ruime schaatsen met twee paar sokken werkt niet. Je voeten gaan dan zwabberen en veel van de kracht van je afzet gaat verloren. Te krappe schoenen werkt ook niet. Op de kunstijsbaan kun je er met blote voeten met temperaturen boven nul prima mee uit de voeten, maar op natuurijs is het toch een ander verhaal. Behalve de gewone temperaturen heb je ook nog met de windchill te maken. Je loopt dus een groter risico op bevroren tenen, zeker als de temperatuur verder onder nul zakt. Mijn advies is dus: precies pas met dunne thermische sokken aan! Schaatshoezen moeten zorgen voor een verdere bescherming tegen bevriezing.

Voor het klunen moet je schaatsbeschermers meenemen. En ook hierbij geldt: oefening baart kunst. Hoe vaker je kluunt, hoe bedrevener je er in wordt, zowel in het klunen zelf als in het aan- en uitdoen van de schaatsbeschermers.

En dan zijn er nog schaatsen, die de voordelen van zowel de houten als de schoenschaatsen combineren: de zogenaamde kluunschaatsen. Zelf heb ik Rossignol langlaufschoenen, waar je met een simpele klik je schaatsen mee vast zet. Het grote voordeel bij het klunen is daarmee ook al genoemd. Met één handgreep is de schaats los, na het klunen klik je het zo weer vast. Daarnaast zijn de hoge schoenen lekker warm. Op de Weissensee had ik bij min 18 nog geen koude voeten. Voorts zijn de schaatsen lager dan de gewone schoenschaatsen, dus je bent veel stabieler, terwijl het door het scharnierpunt aan de voorzijde van de schoen er voor zorgt, dat je toch op klapschaatsen rijdt. Een voordeel is verder, dat de voorzijde de ronding heeft van een Friese doorloper. Als je in een scheur rijdt, glij je er meestal zo weer uit. Met minimaal 1000 km op natuurijs op de Rossignols ben ik slechts één keer gevallen.

En het grootste voordeel is: als je schaatsen bot worden, wissel je de ijzers gewoon. De schaatsen worden immers altijd het eerst bot aan de binnenkant. Hier zet je mee af. Je doet het ijzer van de linkervoet aan de rechter en vice versa. Bij een lange tocht kun je bovendien nog reserve-ijzers meenemen in je rugzak. Zelf heb ik een paar reserve-ijzers gekocht, daar de kluunschaatsen één kwetsbare plek hebben: de kunststof binding zou kapot kunnen gaan.

Kortom: met de reserve-ijzers mee kun je er helemaal zeker van zijn, dat je altijd scherpe ijzers onder je voeten hebt.

Let bij de koop van kluunschaatsen goed op het model: je hebt schoenen en bijbehorende ijzers met 1 binding en met 2 bindingen. Deze laatste lopen een stuk lastiger! Immers: hoe vlakker de zool van de schoen is, hoe beter je kunt klûnen. Zorg wel, dat er profiel op de zool zit, anders glij je nog alle kanten op.

Bij de ANWB kun je voor nog geen € 10,- trouwens een soort pantoffels met ijzeren driehoekjes kopen, die je over je schoenzolen kunt doen, zodat je bij gladde omstandigheden veel meer grip hebt.

Verder heb ik tijdens een natuurijsperiode met veel sneeuw een handig hulpmiddel "ontdekt" voor de kluunschaatsers. Er kwam bij het klûnen meestal veel sneeuw te zitten tussen het stangetje en de schoen. Dit was er meestal lastig uit te halen. Met een eenvoudig imbussleuteltje heb je dit "vuil" zo verwijderd en klik je de schaats zo weer aan je schoen vast!

Mijn voorkeur voor toertochten is dus duidelijk: de kluunschaatsen, waar Martin Langbroek een prachtige naam voor bedacht heeft: kabouterschaatsen!

Schaatsles voor beginnende schaatsers

Bij het geven van schaatsles aan beginnende kinderen is het van groot belang om het volgende in het achterhoofd te houden: er zijn altijd kinderen bij, die angst hebben om te vallen. Deze angst moet eerst weggenomen worden, voor je daadwerkelijk iets kunt leren. Ik begin dus altijd met valoefeningen: maak je klein en val voorover of opzij en probeer je val te breken. Achterover hangen en de kont steeds dichter naar het is brengen tot je valt kan ook, maar daarbij heb je een klein risico, dat iemand letterlijk op zijn achterhoofd is gevallen.

De eerste echte oefening, die ik altijd laat doen is rechtop staan op twee schaatsen en deze dan voorzichtig om en om naar voren en naar achteren bewegen, steeds een klein stukje verder. Zo krijgen ze het gevoel, dat je kunt glijden op de smalle ijzers. De volgende oefening noem ik de aaphouding. Ga als een aap staan, doe desnoods de oe-oe geluiden erbij en de roffel op de borst van een gorilla, en laat ze zo een aantal keren een klein stukje heen en weer schaatsen.

De tweede vaardigheid is het steppen. Laat kinderen doen, alsof ze op een step rijden: eerst alleen met het linkerbeen afzetten, daarna alleen met het rechterbeen. Vervolgens laat je 4 keer afzetten met links en 4 keer met rechts, daarna 2 keer met links, 2 keer met rechts en tenslotte om en om! Later in de les kun je dit om en om afzetten terug laten komen met "giraffenpoten". Je maakt met de afzet je benen zo lang mogelijk!

De derde oefening kun je de pinguïn of de ijsbeer noemen: de schaatsen schuin naar voren bewegen. Met deze oefening leren kinderen, dat ze niet te recht en niet te schuin moeten glijden, maar een beetje schuin naar voren.

De vierde schaatsbeweging is de ooievaar: laat kinderen zo lang mogelijk op 1 been glijden, met het andere been gebogen zoals bij een ooievaar. Uiteraard wissel je hierbij steeds van been.

Een oefening, die kinderen altijd leuk vinden, is deze: laat ze een meter of 10 vaart maken. Vervolgens maken ze zich klein en glijden met 2 schaatsen zo lang mogelijk door. De kinderen zijn verbaasd, hoe lang ze wel niet kunnen glijden met een paar slagen.

Een goede balansoefening is deze: laat ze als een vogeltje klein beginnen en steeds hoger "vliegen" met de armen bewegend als vleugels. De variant is precies omgekeerd.

Een zinvolle oefening is om de kinderen in tweetallen in te delen. De eerste gaat in de aaphouding zitten, de tweede duwt deze een bepaalde afstand, waarna er van plaats gewisseld wordt. Een leuke aansluitende oefening is het treintje, waarbij je de kinderen trekt als locomotief met een paar wagons.

Mijn ervaring met kinderen is, dat dierenverhalen er altijd in gaan. Hoe jonger de kinderen, hoe korter de spanningsboog. Je kunt de oefeningen een paar minuten doen, daarna doe je een ander "dier", maar het dier komt wel regelmatig weer terug.

Hou de kinderen constant bezig. Kinderen, die te lang stil moeten staan, willen nog wel eens aan elkaar gaan "plukken". Vooral jongetjes hebben hier een handje van. Zo lang je ze bezig houdt met oefeningen, heb je geen ordeproblemen.

Aan het eind van de les kunnen we, mits de ruimte het toelaat, eventueel een spelletje als tikkertje of schipper mag ik overvaren doen.

Nog even een slotopmerking: één trainer per 5 kinderen biedt ook de mogelijkheid op 2 trainers per 10 kinderen. De eerste trainer geeft de uitleg van de oefeningen, de tweede helpt dan met name de zwakkere broeders en zusters, die veel individuele begeleiding nodig hebben bij deze oefeningen. Na zo'n 20 jaar lesgeven aan beginnende kinderen weet ik uit ervaring: dit werken in tweetallen werkt uitstekend!

Een gouden dag op de Gouwzee

Waar het gisteren niet lukte, was er vandaag de herkansing: schaatsen op de Gouwzee. Gisterenavond had ik net de mailtjes verstuurd naar mijn schaatsvrienden, dat we naar de Gouwzee zouden gaan. toen ik een mailtje van Jim Dekkers ontving. Hij had op de Nieuwkoopse plassen gereden op een prachtige ijsvloer. Kortom: we konden nog kiezen ook!
Vlak voor het vertrek naar de Leidse IJshal keek ik nog even op www.schaatsforum.nl en daar zag ik dit bericht:
"WATERLAND De toertocht op de Gouwzee gaat aanstaande zondag niet door.
Alhoewel het ijs goed leek te zijn, is daar toch verandering in gekomen door een warme onderstroom en de wind. Zo is het wak bij Volendam, eerder deze week nog 25 meter, uitgegroeid tot ongeveer driehonderd meter.
Na gezamenlijk overleg tussen burgemeesters en ijsmeesters van Waterland, Edam, Volendam en Zeevang is besloten de tocht af te lassen. Bij alle invalswegen worden borden geplaatst met waarschuwingen voor wakken en scheuren op de Gouwzee."
Bij de IJshal hadden we even een kleine discussie en we besloten om naar Monnickendam af te reizen. We waren met 9 personen. Wil Verbeij, Dick van Beelen en Joris Raven reden met Edgar Hogervorst mee, terwijl ik samen met Hans Boers, Bauke Dooper en Evert Boekhout bij Joop van Kleef in de auto zat.
In Monnickendam parkeerden we de auto's vlak bij de haven van dit Zuiderzeestadje. Op aanraden van een bewoonster liepen we 500 meter, zodat we niet meer hoefden te klûnen, maar direct de Gouwzee op konden schaatsen. Om 10 over 11 vertrokken we, nadat we een hele serie politie-, brandweer- en ziekenauto's met sirenes de dijk bij de Irene-hoeve op hadden zien rijden. Een onheilspellend begin van een schaatstocht.

Door de berichten hadden we besloten om vanwege de veiligheid alleen naar Marken te schaatsen. En met de serie reddingswerkers, die ons net gepasseerd was, verwachtten we grote wakken.
Nou, dat viel dus erg mee. We schaatsten van de jachthaven naar de oude havenmond van Monnickendam en langs de dijk naar Marken naar dit voormalige eiland. De groep viel op deze spiegelgladde ijsvloer ZONDER sneeuw in twee groepen uiteen. Wil deed het meeste kopwerk in de snelle groep, ik in de langzame. Ieder zijn specialiteit!
Bij Marken aangekomen zagen we honderden mensen doorschaatsen richting Volendam. "Als zij het kunnen, dan kunnen wij het ook" was de gedachte van ons allemaal. Af en toe moesten we door wat opgevroren randen sneeuwijs ploegen, maar voor de rest was het net zulk mooi, hard ijs als vorig jaar op de Kaag.
Bij Volendam aangekomen wachtten we weer op elkaar. Hier kwamen we Douwe Kinkel en een vriend van Douwe tegen. Met hen reden we met de vrij harde wind in de rug naar Monnickendam terug en vandaar in één ruk door weer naar Marken. In deze tijden van kredietcrisis besloten we de lokale werkgelegenheid te stimuleren. Ik kan u verzekeren: bij de koek-en-zopie werd hard gewerkt. De warme chocolademelk ging er na 25 km schaatsen wel in.
Ik had op de Gouwzee mijn "record" uit 1971 hiermee verbroken. Destijds gingen we met de hele "Porta Vitae"-MAVO uit Hoofddorp schaatsen op de Gouwzee. Ik heb toen 1 rondje van 20 km geschaatst. Er waren een paar klasgenoten, Jan Schoorl, Cor van der Geest en Jos Koeckhoven, die destijds 3 rondjes op de Gouwzee gereden hadden. Nu waren dit alle drie boerenzoons, dus het harde werken, dat hen met de paplepel werd ingegoten, betaalde zich op het ijs dubbel en dwars uit. Want

hoeveel boeren en tuinders zijn er wel niet, die op natuurijs de sterren van de hemel schaatsen....

Wij genoten van de enorme ruimte op de Gouwzee en het gesloten wolkendek erboven, waardoor de zonnestralen gefilterd werden. In dit decor zag je een lang lint van duizenden schaatsers richting Volendam gaan, naar De Dijk toe.

Want bij de Dijk begon het ijs te kruien. De eens spiegelgladde ijsvloer lag hier schots en scheef over elkaar. Hier kwamen we Sjaak en Michiel Stuijt tegen, alsmede Dick de Bles. Nu wil het toeval, dat gisteravond op de televisie een uitzending was over de introductie van de klapschaatsen. Dick de Bles en Erik van Kordelaar waren destijds in het gewest Zuid-Holland de grote animatoren achter deze fantastische (her)ontdekking van Gerrit-Jan van Ingen Schenau. Dick kon precies aangeven, dat het verhaal toch wel een slagje anders was, dan Nederland op de televisie werd voorgeschoteld. Laat ik het zo zeggen: niet iedereen zat op deze fantastische innovatie te wachten....
Hoewel, innovatie, er bestaat een foto van een prototype van een klapschaats uit 1936!

Met de wind in de rug scheerden we, net als de botters, over de ijsvloer naar Monnickendam.

Halverwege moesten we over een geul met open water van ongeveer 20 centimeter stappen. Wie even niet oplette, had een nat poot.

Bij de jachthaven verliet een kwartet schaatsers de Gouwzee, omdat ze eerder thuis moesten zijn. Edgar bracht Wil, Hans en Joris naar Leiden terug.

De rest van de groep ging voor nog een rondje, waarbij ik Erik van Kordelaar met zijn neefje Cas tegen kwam. De wind begon wat meer op te steken, dus het was zwoegen naar Marken en Volendam toe, maar als beloning konden we nog een keer met de wind in de rug naar Monnickendam terug.

Om half 3 bonden we onze schaatsen af voor het moeilijkste stuk van de hele tocht op de Gouwzee: door de sneeuwduinen heen proberen met droge voeten door het riet lopen. Maar als je goed kijkt, dan lukt dat. Terwijl wij Monnickendam binnen liepen, haalden we een groepje vrouwen in. "Dat zijn échte schaatsers!" zei één van hen. Zij had er kijk op!

Om 3 uur vertrokken we uit dit fraaie Zuiderzeestadje. Ik weet wel, waar ik morgen weer te vinden zal zijn. De afspraak zal hetzelfde zijn als vandaag: om half 10 verzamelen bij de Leidse IJshal, om kwart voor 10 vertrekken voor nog een gouden dag op de Gouwzee!

Dooiijsstrijd

Om half 7 's avonds werd ik door Hans van der Plas opgehaald voor de reis naar Harderhaven via Flevonice. Op de weg tussen Amsterdam en Almere werden we getrakteerd op een sneeuwbui en een onweersbui. In februari! De winter van 2009-2010 blijft een bijzondere. Na een niet gewenste bocht bij Lelystad kwamen we om half 9 aan bij Flevonice, waar we het startnummer alvast op kwamen halen.

Hans had gisterenavond gebeld, maar dat gold alleen een reguliere toertocht. Voor IJsstrijd konden we eigenlijk morgen pas terecht. Maar gelukkig waren de dames van IJsstrijd heel flexibel en zochten ze onze paperassen en mijn IJsstrijd-jack met Breed-logo lag toevallig precies op dat moment uitgestald op de inschrijftafel. Ook de beennummers kregen we overhandigd. Hans had nummer 192, ik nummer 39. Het begin was veelbelovend....

Om een uur of 9 waren we bij de tjalk "'t Is net oars". Voor degenen, die het Fries niet beheersen, de vertaling luidt "Het is niet anders". Mijn schoonzus Annemarie kwam ons tegemoet gelopen, om ons te waarschuwen, dat het op de loopplank heel glad was. De tassen sjouwden we dus maar in een paar etappes naar de boot. Ik haalde zoals afgesproken mijn slijpblok tevoorschijn om de schaatsen van mijn zwager Anton weer scherp te krijgen.

Om een uur of 11 werd de kooi opgezocht door iedereen, terwijl ik op een luchtbed voor de houtkachel ging slapen. Degenen, die mij altijd al brandhout vonden....

Ik heb als een blok geslapen tot half 3, toen ik het toch wat koud kreeg in de zoveelste vriesnacht van deze winter. De kachel was inmiddels uit en dan is zo'n boot toch wel koud. Maar met een fleece aan in de slaapzak wist ik mezelf toch wel warm te stoken.

Om half 6 ging de wekker af. Hans had daar al 4 uur op liggen wachten. Hij was om half 2 wakker geworden en kon de slaap niet meer vatten. We ontbeten zo stil mogelijk om niemand wakker te maken, maar Anton had ons toch gehoord en kwam even bij ons zitten.

Door het wederom besneeuwde Flevoland reden we rond half 7 naar Flevonice, waar we, net als Jan Verlind van de Krasse knarrengroep uit de Leidse IJshal, onze schaatsen aandeden. Het startschot werd om 7 uur gelost, wij vertrokken 2 minuten later. Het zou de eerste 200 km voor Hans worden en ik had beloofd om hem op sleeptouw te nemen. Dan kun je beter niet in zo'n peloton zitten, want dan ligt het tempo vaak net te hoog in het begin.

Het vroor een paar graden en er stond een stevige wind. Desondanks wisten we de eerste ronden van 5 km in het donker behoorlijk vlak af te leggen, telkens rond de 16 minuten. Alleen de kuit- en scheenbeenspieren voelden de eerste 20 km niet lekker aan. Kennelijk had ik voor mijn lichaam te lang rust gepakt. Maar toen ik eenmaal warm gedraaid was, voelde ik me verder prima. Het was een mooi gezicht om de bloedrode zon op te zien komen boven de paar bomen in de verte. Dat maak je ook niet iedere dag mee als je aan het schaatsen bent. Het ijs was goed, net als bij de Elfurentocht in november 2008, dus dat beloofde veel. We zaten in een lekkere cadans, we namen om de paar ronden wat te drinken van onze sportdranken, aten een banaan of een krentenbol, stempelden om de 5 ronden en zaten zeer lang op het schema van 11 uur. De februarizon begon echter steeds krachtiger te schijnen en om een uur of 11 begon hier en daar de bovenlaag wat zachter te worden.

Het was inmiddels behoorlijk druk op geworden op Flevonice. Tezamen met het steeds zachter worden van de bovenlaag betekende dit, dat grote gedeelten van de ijsbaan totaal aan gort gereden werden. Her en der verschenen plassen water op het ijs, terwijl je op veel plaatsen bleef steken in de prut van dooiend, kapot gereden ijs. Op een paar plekken zaten zelfs kleine gaten.

De tractor met borstel kon dit niet meer bijwerken.
Toen we 85 km gereden hadden, zeiden we tegen elkaar, dat we er rekening mee moesten houden, dat de ijsbaan dicht gegooid zou worden, zo slecht werd het ijs. Steeds meer mensen verlieten de ijsbaan. Vooral mensen met klapschaatsen moesten erg hun best doen om niet te vallen. Als je met een vaartje in de prut reed, remde je ineens flink af en met een klapschaats kun je dan vrij voorover kantelen. Met de kluunschaats heb je hier minder last van, maar het tempo ging hard achteruit. We zaten inmiddels op een schema van 12 uur.

Daar we in ieder geval de 100 km wilden halen, namen we de tussendoorgang vlak voor de 400-meterbaan, waar het ijs het allerslechtste was. Zo konden ze ons niet van het ijs halen, voor we de 20 ronden voltooid hadden. Inmiddels had de zon plaatsgemaakt voor een donkere bewolking, waaruit weer flink wat sneeuw viel. Vooral op de stukken met de behoorlijk harde tegenwind zag je af en toe geen hand voor ogen. Op de inmiddels zeer grote stukken met papijs is dat niet prettig bewegen, kan ik u verzekeren. Want met schaatsen had dit niet zo veel te maken.

Na 100 km, die we hadden volbracht in 5 uur 47, hakten we de knoop door. Op dit ijs zouden we onmogelijk om 19.00 aan de laatste ronde begonnen zijn voor de 200 km, terwijl wij verwachtten, dat de baan binnen een uur wel gesloten zou zijn. Kortom, de kans op blessures zou, gezien de bloedsporen her en der op het softijs, groter zijn, dan de kans, dat we de tocht op tijd zouden volbrengen. En dan moet je soms verstandig zijn, hoezeer dat ook indruist tegen mijn wil om te volbrengen, waar ik aan begonnen ben.

Maar ja, we schaatsten voor de Nierstichting ten behoeve van de gezondheid van anderen, en dan mag je ook wel aan je eigen gezondheid denken. En dat zonder een spoor van vermoeidheid. Bij de echte Elfstedentocht gelden echter heel andere wetten... Je kunt het trouwens ook anders bekijken: het ijs had het eerder opgegeven dan wij.

We zouden nog één rondje uitrijden, maar Hans zakte bij de eerste bocht al zo ver weg in het ijs, dat hij bang was, dat zijn enkel dubbel zou klappen. Hij reed linea recta door naar de plek, waar onze tassen stonden. Daar het nu pas echt fors sneeuwde, wilde ik het rondje afmaken, als waardige afsluiting van deze sneeuwwinter.

Om 1 uur was meer dan 90% van degenen, die een uur ervoor nog reed, dan het ijs af. Enkele kleine groepen en individuele schaatsers bleven doorploegen. Wij gingen ons douchen, de startnummers inleveren, waarvoor we een medaille kregen, een tas met allerlei spullen en een gesigneerd exemplaar van "Een onbegrepen doordouwer" van Henk Angenent. En dat allemaal voor beennummer 39.....

Na de warme chocolademelk kreeg Hans eindelijk contact met zijn vrouw en een paar vrienden, die onderweg waren om ons aan te moedigen. Ze waren niet zo ver van Biddinghuizen meer vandaan. We besloten dus op hen te wachten en ontdekten, dat er nog maar twee wachtenden waren bij de vier massagetafels. Dat leek ons wel wat. De rug en de beenspieren werden flink onderhanden genomen, waarbij het verschil tussen fijn en pijn soms maar zeer minimaal was.

De masseuses raadden ons aan om flink wat te drinken om de afvalstoffen af te voeren. Dat deden we dus maar. Hans was de bob en hij kreeg water, ik was de bofkont en ik nam Hoegaarden witbier, uiteraard met citroen. Intussen werd de opbrengst in de zeer drukke, gezellige kantine van Flevonice bekend gemaakt van IJsstrijd: € 161.908,- voor de Nierstichting! En daar deden we het allemaal voor.

Bij ons aan tafel zat een Noord-Hollander, die om 4 uur net van het ijs af was gegaan, met 150 km in de benen. Normaal gesproken ga je, als je zo ver bent gekomen, door tot het einde. Hij had gesproken met iemand van Flevonice, die erkende, dat ze hadden gewoon te laat de koelmachine aangezet. Het ijs was 's middags wel harder geworden, maar de kwaliteit was stukken slechter dan vanochtend, toen we dus gewoon op natuurijs hadden gereden.

Op de terugweg hoorden we in de auto, dat Balkenende IV was gevallen.

Ik wist trouwens niet, dat deze Zeeuw schaatste....

Uiteraard mijmerden we erover, hoe het gelopen zou zijn, als de ijsmeesters van Flevonice bijtijds de koelmachine aangezet hadden. Dan had Hans vermoedelijk zijn eerste Alternatieve Elfstedentocht hebben uitgereden op deze gezellige winterdag en ik mijn zevende 200 kilometer en zou IJsstrijd voor ons niet veranderd zijn in een Dooiijsstrijd. Maar goed, gedane zaken nemen geen keer. 't Is net oars!"

"Je bent de tweede veteraan!"

Aanvankelijk had ik de kop voor dit stukje op mijn weblog al verzonnen: "Annie's verjaardag". En dan bedoel ik niet het café in Leiden met een terras aan de Nieuwe Rijn, waar het 's zomers goed toeven is, maar ik bedoel mijn oudste zus Annie, die vandaag haar 69e verjaardag viert. Maar het leven loopt soms ietwat anders.

Om 7 uur ging de wekker af. Volstrekt overbodig, want ik was om 6 uur al wakker en lag daarna een uur te hanewaken.

Met Ada ontbeet ik en om even over 8 vertrok ik naar de IJshal, waar ik me voor half 9 in moest schrijven. Na 2 km kwam ik er achter, dat ik mijn helm vergeten was en zonder helm mag je niet meedoen. Omkeren dus en weer naar huis. Wie zijn hoofd niet gebruikt, moet zijn benen gebruiken.

Om half 9 kwam ik bij de IJshal aan. Ik meldde me aan en kreeg het hesje met startnummer 58. De tas met schaatsen legde ik alvast klaar bij de bankjes en om 10 voor 9 wandelde ik rustig naar buiten. Na alle buien van gisterenavond, waarbij "de Kuip" daadwerkelijk in een badkuip veranderde, en was het bewolkt, maar droog. Wel stond er nog een behoorlijke wind.

Om 9 uur klonk het startschot, terwijl de meeste deelnemers aan de jeugdbiathlon al klaar waren. Na een kilometer was het veld al aardig uit elkaar getrokken. Zelf liep ik naar mijn gevoel in de middenmoot, samen met nummer 91 en 2, Carolien Smit, de eerste vrouw in de wedstrijd, en met Christiaan Hoekstra. Geen verkeerde groep om in te lopen. Sterker nog, ik bepaalde het tempo met mijn ingebouwde gevoel hoe hard je moet lopen om je niet op te blazen. Gelijkmatig liepen we de 11 km. Slechts één loper haalde ons nog in, met nummer 110. Hij nam de kop over en ging langzaam maar zeker versnellen. En dan moet je rustig een gat laten vallen. In een paar honderd meter kun je jezelf in de vernieling lopen.

We kwamen met zijn drieën bij de IJshal aan, waarbij ik na 52.52 als 10e werd geklasseerd, 15 seconden achter Kobus Turk, die de hele race 100 meter voor ons uit liep. Ada stond mij als teller op te wachten. Het aantrekken van de schaatsen ging zo vlot, dat ik weg was, voor Jaap de Gorter bij zijn schaatsen was. Mijn doelstelling voor deze Run-Skate-Run was om in ieder geval Jaap voor te blijven, want anders wil Jaap dat met liefde af en toe fijntjes onder je neus wrijven. Zo bouwde ik 3 ronden voorsprong op Jaap op. Ook het schaatsen ging erg lekker, vooral toen Jos Fugers het ijs op kwam. Van dit groepje deed ik het meeste kopwerk, Jos nam ook regelmatig over en Jaap profiteerde door in de laatste 10 ronden een halve baan voorsprong te pakken. "Niet meegaan in een iets te hoog tempo", was mijn credo.

Het was verder vooral een inhaalrace, die ik als 6e beëindigde in 33.06, inclusief het aan- en uitdoen van de schaatsen, dus de rondetijd lag onder die van de Taartenwedstrijd.

In het begin en het einde ging ieder kilometer in 2 minuten, in het tussenstuk lag het tempo hoger. In de voorlaatste ronde ging een schaatser, die ik aan het inhalen was in de bocht onderuit, maar ik kon deze vallende persoon gelukkig net ontwijken. Ook dit tweede deel van de Run-Skate-Run verliep naar wens.

En toen gebeurde het meest wonderlijke: bij de 3 km hardlopen kreeg ik vleugels. Een paar keer in het jaar heb je zoiets en vandaag was zo'n dag. Er liepen 3 man vlak bij elkaar, een paar honderd meter voor mij uit. Ik liep er langzaam maar zeker naar toe en het was "erop en erover". Anderhalve kilometer voor de finish haalde ik rugnummer 3, John Schouten, in en ook deze was gezien.

Na jaren in het tweede deel van de uitslagenlijst gefigureerd te hebben, was ik zeer tevreden: ik zat in de bovenste helft.

Direct na de finish in 1.41.24 kreeg ik te horen: "Je bent de tweede veteraan!" Even dacht ik, dat ik in de maling werd genomen, maar het bleek toch echt zo te zijn! Ongelofelijk. Ik train al 30 jaar in de Leidse IJshal en nog nooit had ik een prijs gewonnen. In de verste verte niet zelfs. En dan nu zilver! Maar een Olympisch seizoen zit altijd vol verrassingen. Of zoals een paar mensen mij toevoegden: "De aanhouder wint!"
Lichtelijk euforisch genoot ik in het inmiddels zonnige weer van deze plek bij de grootste groep deelnemers. Vooral aan de 3e plek op de afsluitende 3 km in 15.26 had ik deze klassering, als vierde in de totaalstand, te danken.
In de kantine van de IJshal werd ik na Kees Smit en voor Peter Harteveld naar voren geroepen om uit handen van hoofdsponsor Marc de Koning van De Molen Fietsen de licht beschadigde beker voor de tweede plaats bij de veteranen in ontvangst te nemen.
Ongelofelijk! Voor het eerst van mijn leven een podiumplek!
Het loopgroepje van de 11 km had het trouwens goed gedaan. Peter Aanhane had de wisselbeker gewonnen als winnaar van het totaalklassement, Christiaan Hoekstra eindigde eveneens als tweede, terwijl Carolien Smit bij de vrouwen als beste uit de bus kwam. Bovendien had Mart Moraal, die ik deze week al getipt had als winnaar bij de teams, deze favorietenrol waargemaakt. Na de huldigingen was er een koud buffet voor alle vrijwilligers van de IJVL, waarna ik meereed naar Nieuw-Vennep om de spullen weer weg te brengen naar de firma Breed.
Thuisgekomen spoelde ik onder de douche het zweet van mijn lijf, belde ik mijn zus Annie om haar te feliciteren met haar verjaardag en keek ik naar de toch nog spannende ontknoping van het wereldkampioenschap allround, waarbij Sven Kramer de verrassende Jonathan Kuck toch voorbleef.

Bikkel

Zittend op een bankje in de Leidse ijshal op donderdagochtend naast mijn trainingsmaat Arthur van Winsen begon deze mij een bikkel te noemen, omdat ik de hele wintertriatlon zou gaan doen, en hij "slechts" als loper in een team met Wouter van Riessen en Hans Rodenburg.

De dag erop was de laatste Haarlemtraining en als gastrijder mocht ik aan de leukste training van het seizoen meedoen: 100 rondjes rijden. Het ging, ondanks de drukte op de baan, lekker. Het schema van Gerard Driessen van 50 rondjes inrijden en na de dweil 50 rondjes uitrijden lag me wel.

De volgende dag ging ik met Hans Boers 15 km hardlopen. We liepen van de Kniplaan in Voorschoten naar Stompwijk, waar we konden kijken naar de doorkomst van de Ronde van Zuid-Holland, waarin mijn zoon Siebe in de voorste gelederen reed en uiteindelijk 7e werd. Hierdoor plaatste hij zich voor het Nederlands kampioenschap op de weg rond de Pietersberg in Maastricht. Dat wordt voor zijn ouders een lang weekend Limburg!

's Avonds waren de clubkampioenschappen van de IJVL in de Uithof. Op de 500 meter haalde ik mijn twee tijd ooit, op de 1000 meter reed ik een p.r. en wist ik in een bloedstollende eindsprint Andrea Landman met 5 honderdste seconde te kloppen. Hierbij moet wel aangetekend worden, dat Andrea flink last had van haar keel, want anders was mij dit nooit gelukt. Desondanks waren de clubwedstrijden wel een bevestiging, dat de vorm goed was.

Op zondagmorgen verrekte ik bij de dagelijkse buikspieroefeningen een spiertje in mijn rug. Bij het rijden van het rondje om voormalig vliegveld Valkenburg voelde dit niet al te aangenaam. Maar zoals Johan Cruijff opmerkte: "Ieder nadeel heb zijn voordeel". Ada mocht iedere dag mijn rug twee keer met Spiroflor insmeren.

Op dinsdagavond had ik in het begin met schaatsen vrij veel last van de verrekte rugspier, maar onder het motto:"Zondag moet je het ook drie kwartier volhouden" bleef ik gewoon doorgaan. Gelukkig begon na een half uur de endorfine zijn werk te doen. De pijn vlakte af en ik kon het uur volmaken op "wintertriatlontempo". Op donderdagochtend was de spier al flink wat minder gevoelig en kon ik al weer lekkerder schaatsen.
De weersvoorspellingen voor zondag werden met de dag erger. In de regen reed ik om een uur of 8 naar de school om me voor de 10e keer in te schrijven. Er stond al een fikse wind, en die zou in de loop van de dag alleen maar erger worden. Vlak voor de start kwam de regen met bakken uit de hemel, maar om half 9 hadden we het ergste achter de rug. Via de Jacob Catslaan liepen we het verder bekende rondje. Bij het lopen was al te merken, dat het teruglopende aantal deelnemers vooral terug te vinden was in de onderste regionen. Het peloton was al vrij snel verbrokkeld in een paar groepen, maar het gat tussen de diverse groepen was al direct behoorlijk groot. Normaal probeer ik na een paar kilometer, als ik echt op gang kom, van groepje naar groepje te springen, maar deze zondag was er geen groepje te vinden binnen 200 meter. Met de forse wind op kop liep ik daar in mijn eentje tegen de wind in te beuken. Gelukkig dat ik regelmatig in deze weersomstandigheden getraind heb, vaak ook in mijn eentje, dus je weet, wat je moet doen en vooral ook wat je moet laten. Frits van Huis kon dat heel treffend zeggen: "Ervaring is vooral weten, wat je niet moet doen".
De ervaring van tientallen duurlopen met Jos Drabbels kwamen ook nu van pas. Op het 7-kilometerpunt haalde Jos mij in: "We liggen allebei op schema" konden we tegen elkaar zeggen. Met 45.40 had ik geen supertijd, maar gezien de weersomstandigheden wel een degelijke.
Het loopjack werd verwisseld voor een droog trainingsjack, de

wielrenbroek werd over mijn afritsbroek gehesen en met hoesjes over mijn hardloopschoenen kon ik aan de 48 km fietsen gaan beginnen. Het eerste gedeelte was constant tegenwind. Bij het keerpunt in Wassenaar lag mijn gemiddelde op 23, waarmee ik niet geheel ontevreden was. De tweede ronde was de wind al een stuk harder en met een gemiddelde van 24 had ik de eerste volle ronde volbracht. Hier haalde ik de fietser van team 103 in, de enige fietser, die ik achter me wist te houden.

De laatste ronde was de wind nog harder. Nu heb je, om in zulke omstandigheden hard te kunnen fietsen, twee mogelijkheden: of je hebt veel kracht, of je hebt veel snelheid. Helaas beschik ik over geen van beide, in tegenstelling tot Siebe, die de dag ervoor in België derde was geworden in een wedstrijd. Eén ding heb ik echter in overvloed: Ausdauer!

Daar ik iedere dag naar Katwijk fiets, zelfs met de storm op 18 januari 2007, toen de ijshal op last van de brandweer dicht moest, wist ik waar je de klap van de wind kon verwachten en waar je redelijk in de luwte kon rijden. Met het gemiddelde op 25 begon ik aan de tocht terug naar de ijshal, waar de het gemiddelde op 25,7 kwam te staan. De kunst van de triatlon is vooral doseren: nergens forceren, want er volgt nog een onderdeel. Dus met de wind in de rug niet als een gek gaan rijden, maar op souplesse blijven trappen.

Als nummer voorlaatst kwam ik om kwart over 11 de ijshal in, waar ik door niemand minder dan de voorzitter geteld werd. Sjaak Stuijt zag, dat ik vrij veel mensen inhaalde in een mooi vlak schema, maar helaas was de achterstand, die ik had opgelopen bij het fietsen, te groot om me van de voorlaatste plaats af te krijgen. De laatste 15 ronden gingen in een iets trager tempo, daar ik in mijn linkerkuit de voortekenen van kramp meende te ontwaren. Dit betekende wel, dat ik alles gegeven had, wat er in zat. Ook deze bikkel wordt wel eens moe! Van de 10 wintertriat-

Ions vond ik alleen die van 2001, toen ik een week ervoor 200 km had geschaatst op de Uithof en "pap in de benen had", zwaarder.

Met de gezien de omstandigheden degelijke tijd van 3.33.19 hield ik alleen team 103 achter me. Tot de prijsuitreiking, zittend aan een tafel met mijn oud-klasgenoot John Kranenburg, was ik bang, dat ik, als langzaamste individuele deelnemer, de Leidse sleutel in ontvangst zou mogen nemen, maar gelukkig deden ook teams mee aan de strijd om de rode lantaarn.

De volgende morgen begaf ik me met gevoelige bovenbenen naar tandarts A.J.A.van Winsen, die de 10 km hardlopen in 39.59 had volbracht en zeer diep was gegaan. Gelukkig hoefde hij dat bij mijn gebit niet. Maar in tegenstelling tot de dag ervoor ging ik deze keer wel voor goud! Zittend op de stoel bij mijn trainingsmaat Arthur van Winsen vroeg deze bikkel wel gewoon om een verdoving…..

Hindernisrace

Het is een misvatting om te denken, dat een marathon begint met het startschot. Er gaan maanden van voorbereiding aan vooraf. Na de wintertriatlon neem ik een week rust om daarna heel rustig aan de opbouw van het loopvermogen te gaan werken. Iedere week wat meer lopen, tot ik op zo'n 3 keer 14 kilometer in de week zit.

In mijn agenda had ik vanaf de 10e juni teruggeteld, wanneer mijn vaste halve marathons, die van Noordwijkerhout en de Hanepoelloop, gepland stonden. Daar omheen zou ik de 3 30 kilometers plannen. Dit jaar kwam dat niet zo geweldig uit: de eerste dertiger zou een week voor de eerste halve marathon komen.

Nu was april dit jaar een verrukkelijke maand om te trainen: altijd droog en zonnig weer, dus hardlopen was niet bepaald een straf. Vanwege de warmte zocht ik zelfs schaduwrijke routes, zoals door de Horsten. Op de dag waarop mijn eerste dertiger gepland stond, werd ik 's ochtends wakker met pijn in mijn keel en zo slap als een vaatdoek. Weg zorgvuldige planning! Terwijl het buiten 25 graden was, lag ik in bed. In jaren ben ik niet zo verkouden geweest. Ik wist niet, dat een mens zoveel holtes in zijn hoofd had!

Drie dagen later had ik een cursus in Hoofddorp. Ik was van plan om er op de racefiets heen te gaan, maar mijn vrouw raadde mij dat af:"Dan zit je de halve dag in bezwete kleren." Ondanks dat Ada met mij getrouwd is, is het een verstandige vrouw. Ook nu had ze gelijk, want ik was zelfs van het van de Stevenshof naar het centraal station fietsen al een beetje moe. Met pijn in het hart belde ik mijn afspraak met een paar trainingsmaten om 's avonds te gaan hardlopen af. Om half 8 lag ik al in bed.

De volgende dag voelde ik, dat ik aan het opknappen was, en na een goede nachtrust voelde ik me donderdagochtend zo fit, dat ik rustig 7 km zou gaan lopen. Het ging zo lekker, dat het er 12 werden. De zaterdag erop zou ik met Hans Boers gaan lopen. De geplande halve marathon van Noordwijkerhout lieten we vervallen, en via de Horsten liep ik naar Den Deyl, waar ik Hans ontmoette. Samen liepen we naar de duinen van Wassenaar, waarna we via een slinger door de Ganzenhoek weer terugliepen naar Den Deyl. Vandaar liep ik langs de A44 naar de Rosa Spierstraat. Vier dagen na vermoeidheid bij 4 km fietsen, kon ik 30 km lopen. Het is verbazingwekkend, hoe snel een goedgetraind lichaam herstelt!

Dit kon ik met eigen ogen aanschouwen bij mijn zoon Siebe, die op 1 mei in België in een wielerkoers in een achtervolgende groep aan het peloton ontsnapt was. Twee Belgen kregen ruzie met elkaar en probeerden elkaar van de weg af te duwen. Eén van hen wist de zwieper te ontwijken, met het gevolg dat Siebe, die achter dit dwaze duo reed, de klap opving en over de kop sloeg. Zijn arm schoot uit de kom, maar gelukkig schoot deze meteen weer terug. Met een pijnlijke schouder en vol schaafwonden heeft hij de pijn nog 50 km zitten verbijten alvorens af te stappen.

Thuis gekomen zat hij te balen. Zijn deelname aan Olympia's ronde van Nederland dreigde in gevaar te komen. Gelukkig wist Erik van Putten, zijn vaste fysiotherapeut, hem op tijd op te lappen, zodat zoonlief mee kon doen aan de belangrijkste amateurkoers van Nederland. Terwijl Siebe op weg was naar Varsseveld voor de proloog, begon ik aan mijn tweede dertiger. Ik liep mijn vaste route van de Stevenshof naar mijn nicht Paula in Hoogmade, 15 km heen, 15 terug. Jaap de Gorter liep een kilometer of 7 met mij mee, waarna hij weer naar zijn huis liep, terwijl ik de Ruigekade naar Hoogmade op schoot. Het lopen ging goed, tot ik na zo'n 25 km last kreeg aan de achterzijde van mijn rechterknie: overbelaste pezen.

Thuisgekomen veelvuldig ingesmeerd met spiroflor en daarna met fietsen in een licht verzet rijden om alles beter te laten doorbloeden. Langzaamaan ging het iedere dag iets beter. Van Siebe kon dat ook gezegd worden, want na een slechte proloog was hij in de eerste etappe flink onderuit gegaan bij de ravitaillering. Een etenszakje bleef aan zijn stuur hangen en hij sloeg keihard tegen het asfalt. "Gelukkig" was het niet aan de kant van zijn gekwetste schouder, maar hij lag weer eens helemaal open. De volgende dag ging ik met Jaap de Gorter en de in Hoofddorp woonachtige Bas Warnink kijken naar de finale van de tweede etappe van Olympia's ronde in Hoofddorp. Siebe zat in de laatste groep, flink bebloed maar hij kon nog lachen.

De dagen daarna ging het steeds een stukje beter met hem, en op donderdag zat hij in een etappe met een gemiddelde snelheid van 47 km per uur zelfs een keer in een serieuze kopgroep. Op deze Hemelvaartsdag liet ik de Hanepoelloop schieten om mijn overbelaste pezen wat te sparen. Met zo'n wedstrijdloop loop je zelf automatisch harder dan je uit jezelf zou doen, en nu moest ik toch wat rustiger aan doen.

De zaterdag daarop liep ik het parcours van de Leidse marathon in een rustig tempo. Na drinken gehaald te hebben bij Wil Verbeij ging ik bij de Vlietlanden de pijn te voelen, die je normaal in het tweede rondje van de marathon pas voelt. Wat dat betreft was dit een uitstekende mentale training. En vergeleken met Siebe, die 's avonds een keer meldde: "Ik loop wel kreupel, maar het fietsen gaat iedere dag beter" stelde mijn pijntjes niets voor. Op de laatste dag van Olympia's ronde stapte in Zuid-Limburg nog een achttiental renners af, maar Siebe hield gewoon vol. Als 95 van de 100 gefinishte renners, met 47 uitvallers, had hij een prima prestatie geleverd. Zeker als je zag, dat het gemiddelde bijna iedere dag dik boven de 40 km lag.

Daar de wond op zijn heup na een week nog steeds niet dicht

was, ging hij maandagochtend naar de huisarts, die wat dood vlees bij hem wegsneed. Nu zijn wielrenners harde jongens, maar 's avonds sneed Siebe bij het verschonen van het verband met ontstekingsremmende zalf eigenhandig ook nog wat dood vlees weg. Ik geef het grif toe:"Ik ben maar een watje."
Op donderdag werd Siebes heup, die als gevolg van de val scheef stond, weer recht gezet door de fysiotherapeut. Wielrenners moeten kunnen afzien.
Zelf mocht ik op zaterdag proberen, of de overbelasting niet terug zou keren bij mijn derde dertiger. Via Katwijk, waar ik bij mijn collega Nelina Houwaart de watervoorraad aanvulde, liep ik over het strand naar Wassenaar waarna ik door de duinen en om het Valkenburgse meer wat extra bochten maakte om op de 30 km te komen. Op een korte pijn op het strand na ging het probleemloos. De spiroflor en het fietsen in een licht verzet hadden heilzaam gewerkt.
Op 10 juni reed ik op mijn fiets naar Jaap de Gorter. Hans Boers was er al. Samen zouden we naar de start in de Breestraat gaan, Hans en Jaap voor de halve marathon, ikzelf voor de hele.
Het eerste stuk ging lekker, maar na 4 km begon mijn overbelaste knie weer op te spelen. Ik had toen nog 38 km te gaan. "De eerste 10% heb je al achter de rug!" dacht ik maar en met positief denken en het oude katholieke gebruik van schietgebedjes, kon ik volhouden. Het trainen met pijn wierp zijn vruchten af, want ik kon gewoon in een lekker tempo blijven lopen. Ze zullen me moeten oprapen, voor ik opgeef!
Een van mijn dochters stond met krentenbollen en sportdrank bij de molen in de Stevenshofpolder klaar bij het 15 km-punt. Met deze proviand kon ik er weer even tegen. Onder het dichte wolkendek liep ik tussen veel 21 km-lopers naar het centrum van Leiden, waar het ineens een stuk rustiger werd. Een meter of 500 voorbij de finish van de halve marathon, die voor mij in 2

uur 3 minuten 21 was gegaan, kwam ik Jaap en Hans tegen, terwijl Ada aan de overzijde klaarstond met de energiedrank. Terwijl ik deze wandelend opdronk, werd ik ingehaald door het pacing-team van 4 uur 15. In Zoeterwoude stopte deze groep bij de eerste sponzenpost. Zelf liep ik door. De grote inhaalrace was begonnen. De ene na de andere loper haalde ik in, ondanks de geïrriteerde pezen aan mijn rechterknie. De zon was intussen gaan schijnen en de temperatuur ging aardig omhoog, maar ik kon blijven gaan. Tot mijn stomme verbazing stond de man met de hamer niet klaar bij de 35 km, wel Ada met de laatste voorraad sportdrank bij 36 km. Ook de laatste 6 km kon ik gewoon blijven hardlopen. Bij 40 km begon ik mijn bovenbenen een beetje te voelen, maar ik bleef gewoon doorgaan met de inhaalrace.

Met een eindsprint kwam ik als 210e onder de 4 uur 10 uit: 4.09.03, mijn tweede tijd ooit. Met, en dat doet mijn stayershart goed, een tweede halve marathon zonder noemenswaardig verval. Bij de finish stond Vera van Duijn, een collega van me, met haar man Willem. "Je ziet er uit, alsof je er nog wel één kunt lopen" voegde ze me toe. "Zo voelt het toch niet aan" gaf ik als antwoord. Ondanks een voorbereiding, die veel weg had van een hindernisrace, en een marathon, die dankzij mijn pezen wel wat van weg had van een handicaprace, had ik mijn vijfde marathon volbracht. Waarbij maar weer eens is aangetoond: de marathon is vooral een mentale afstand!

Thuis gekomen hoorde ik, dat Siebe op weg was naar het ziekenhuis. Zijn knie moest worden gehecht na een valpartij in een wielerwedstrijd. In het afzien weet Siebe zijn vader ook altijd te overtreffen!

Souplesse

Tijdens mijn eerste jaren in de droogtrainingsgroep bij de IJVL deed Jacqueline Piederiet mee. Met de rekoefeningen legde zij met gemak haar benen in haar nek. Je hebt nu eenmaal mensen, die lenig zijn geboren, en je hebt mensen, die als stijve hark in de wieg zijn gelegd. De meesten zitten gewoon tussen deze uitersten in. Een kwestie van erfelijke aanleg. De lenige mensen hebben als schaatser een groot voordeel: souplesse. Dit uit het Frans afkomstige woord betekent volgens de Dikke Van Dale buigzaamheid.
Deze souplesse komt zowel op de kunstijsbaan als op natuurijs goed van pas. Iemand die gezegend is met een soepel lijf, komt veel makkelijker de bocht door. Maar souplesse is voor iedereen te trainen, ook voor de houten klazen onder ons. Je zult je er dus eerst bewust van moeten zijn voor je er aan kan werken.
Want meestal doe je allerlei oefeningen op de automatische piloot en vergeet je daarbij te letten op de souplesse, terwijl er allerlei trainingsvormen zijn, waarbij dit prima kan.
Veel trainingsvormen zijn bedoeld om de spieren sterker te maken of het uithoudingsvermogen te vergroten. Denk daarbij aan zaken als hardlopen en touwtjespringen. Je kunt daarbij heel veel kracht gebruiken, maar je kunt een duurloop of touwtjespringen ook uitstekend gebruiken om je eigen soepelheid te vergroten. Dit kan door met lopen er goed op te letten, dat je goed en vooral soepel afwikkelt. Met touwtjespringen gaat het er dan niet om om de afzet zo hard mogelijk te doen, maar om het zo soepel mogelijk te doen. Lichtvoetig!
Diverse rekoefeningen komen op dit gebied goed van pas, net als schaatspassen: het gaat daarbij niet om kracht of snelheid, maar om coördinatie en spierbeheersing. Prima om hiermee je lichaam soepeler te maken! Voorts kun je ook denken aan inloopoefeningen, zoals kruispassen, zowel voorwaarts als zij-

waarts.

Ook op de (sport)fiets kun je dit uitstekend oefenen. Ga in een kleinere versnelling rijden en rij zo veel mogelijk op soepelheid, eventueel aangevuld met wat slalommen. Dit laatste uiteraard alleen als de verkeerssituatie dit toelaat!

De trainingsvorm, die het meeste rendement geeft, is mountainbiken. Vooral op een bochtig parcours op glooiend terrein krijg je een uitstekende training in souplesse.

Op de kunstijsbaan kun je denken aan zaken als slalommen en de start-remproef, die we als trainer voor moeten doen aan kinderen. En niet te vergeten het oefenen van het vallen. Kinderen vinden dit de leukste oefening, en zelf heb je er ook veel baat bij. Als je weet, hoe je soepel moet vallen, verklein je de kans op blessures enorm!

Je kunt daarbij ook denken aan kunstschaatsen. Dit vraagt zeer veel spierbeheersing en vooral veel soepelheid. Denk nu niet, dat ik u meteen naar "Dancing on ice" wil sturen. Ook op noren zijn er een paar balansoefeningen, die er voor zorgen, dat je je soepel gaat bewegen. Als ik les geef aan kinderen, dan laat ik ze wel eens op de schaats "stappen" als een clown, met de benen hoog opgetild, of rijden als een kunstschaatser, met het achterste been gestrekt zo hoog mogelijk opgetild. De één doet het uiteraard makkelijker dan de ander, maar behalve het oefenen van het evenwicht train je ongemerkt ook de souplesse op deze manier.

Een stap verder is natuurlijk ballet. Zelf heb ik er niks mee, maar de Noorse schaatser Adne Söndral, winnaar van Olympisch goud op de 1500 meter in Nagano, viel in het begin van zijn carriere veelvuldig. Hij ging naar een balletschool om zijn souplesse te vergroten. En als je daarna Olympisch kampioen wordt, dan hebben de balletoefeningen hun vruchten toch wel afgeworpen.

Het belang van souplesse voor toertochten is tweeledig. Aan de ene kant spaar je veel kracht uit, als je op souplesse kunt schaatsen. Hoe langer de tocht, hoe meer profijt je van deze "energiebesparing" hebt. Dus niet met je krachten smijten, maar zuinig rijden door je lichaam soepel in de slag te bewegen.

Aan de andere kant is natuurijs niet altijd gepolijst: vaak zitten er scheuren in het ijs of zijn andere oneffenheden als sneeuwranden, strootjes of rietpluimen. Hoe soepeler je lijf is, hoe handiger je deze potentiële hindernissen kunt omzeilen, of eventueel uit scheuren te kunnen rijden. Dat geldt trouwens ook voor tegenliggers. Op de kunstijsbaan kom je die niet veel tegen, met natuurijs ligt dat toch een tikkeltje anders....

En dan zijn er met natuurijs soms ook nog wakken. Tijdens een schaatstocht op de Oostvaardersplassen aan aantal jaar geleden op die ene dag in het jaar dat je net kon schaatsen op natuurijs, kwam het Franse woord voor buigzaamheid me zeer goed van pas: na een bocht om het riet reed ik bijna regelrecht in een wak. Een katachtige, zijwaartse duik in het riet behoedde me voor een nat pak.

Soms is het heel handig als je je lichaam regelmatig traint op souplesse....

Tineke Dijkshoorn

Sommige dagen worden op een onverwachte manier bijzondere dagen. Zo ook de dag waarop de winter van 2010-2011 officieel begon. De eerste verrassing kwam gisterenavond al. We belden naar Siebe om hem op de hoogte te stellen van het weer en vooral de enorme hoeveelheid sneeuw in onze omgeving. Hij zou overmorgen gaan rijden.

"Ik zit al bij Parijs", was zijn antwoord. In overleg met de professor mocht hij het laatste college van 2010 laten schieten en was hij om 8 uur met zijn oude Peugeot uit Oviedo vertrokken.

Je slaapt na zo'n mededeling toch anders. Zodoende droomde ik over hem, toen ik meende, de bel te horen. Ik had het niet gedroomd: Siebe was om 10 over 3 veilig thuis! Het allermooiste Kerstcadeau!

En om het compleet te maken: 's avonds zaten we voor het eerst sinds meer dan een jaar als gezin Breed weer met zijn zessen aan tafel. Want ja, Spanje is toch een eind weg....

Uiteraard even gekletst met zoonlief, waarna je toch niet meteen in slaap sukkelt. Desondanks werd ik om 7 uur wakker. De schaatskleding kon weer aangetrokken worden en om half 9 ploegde ik met Ada over de sneeuwlagen in de Stevenshof om krentenbollen te halen en daarna door te fietsen naar de IJshal, waar ik les zou geven aan kinderen. Henk Heuzen was er gelukkig ook weer. Hij deed de kleding van de Kerstman aan, terwijl ik net als vorig jaar voor rendier mocht spelen.

De les ging, zoals gebruikelijk, behoorlijk speels

Om kwart over 10 mocht ik met de Kerstman op de slee nog een ererondje rijden, waarna ik naar buiten kon om te kijken, wie er vandaag mee wilde naar de Gouwzee. In de hal hoorde ik, dat er na de 125 kinderen van maandag en de 106 van gisteren nu 133 op de schaatsles waren afgekomen.

Met Sjaak Stuijt en Bert Raaphorst reden we naar Monnicken-

dam, waar we in "'t Marker veerhuis" wat dronken, voor we het ijs op stapten. De temperatuur was iets hoger dan gisteren, maar door de harde wind voelde het kouder aan. Voor de ijszeilers was het daardoor trouwens een uitstekende dag.
Sjaak kwam al na een km een klasgenoot van de lagere school tegen. We reden een tweetal rondjes van de niet officieel aangekondigde toertocht, toen we op Wim van Huis en Evert Boekhout stuitten. Zij hadden al 4 rondjes van 10 km gereden en het moment, dat wij warme chocolademelk dronken, was voor hen het moment om er een punt achter te zetten. Voor ons niet: wij gingen in wisselend tempo nog een drietal rondjes rijden. Soms ging het behoorlijk hard, dan weer wat rustiger.
Tussendoor zorgden we er wel voor om af en toe wat te eten, want als je de hongerklop krijgt, kom je niet meer vooruit.
De lus van 5 km was behoorlijk goed, maar de lus naar de haven van Monnickendam was een stuk slechter dan gisteren. Het gedeelte met het sneeuwijs vertoonde aardig wat uitgetrapte plekken, met aardig wat valpartijen tot gevolg. Sjaak Stuijt had daar geen last van. Het is ongelofelijk, hoe lichtvoetig hij over slecht ijs heen danst!
De laatste ronde ging Sjaak nog even vol gas rijden, terwijl Bert en ik nog een rondje op techniek gingen schaatsen.
Bij de dijk naar Marken dronken we warme frambozenlimonade, naar Noors recept, toen we Dick de Bles aan zagen komen. Hij nam een foto van deze krasse knarren.
Nu reed er een vrouw mee in de groep van Dick de Bles. Door de bivakmuts was het absoluut niet te raden, wie het was. De enige aanwijzing was Schipluiden achter op haar trainingsjack. Zij kwam bij ons op de foto en wij kregen van Dick de opdracht om te raden, wie er achter die bivakmuts schuil ging.
Een soort vrouwelijke Sting dus.

We reden de rest van het rondje met Dick op kop, de geheimzinnige vrouw daarachter, ik reed op de derde plek en Bert volgde mij. Zo reden we door naar de haven van Monnickendam, waar het dagje Gouwzee er voor ons op zat. Op het gepuzzel na, natuurlijk. Bij het weggaan gaf Dick ons nog wel een hint mee: "Er zijn maar 3 vrouwen in Nederland, die hebben, wat zij heeft!"

Daar dit ongetwijfeld iets met schaatsen te maken moest hebben, liepen we op we weg naar "'t Marker veerhuis" hardop te filosoferen. In eerste instantie dachten we aan een gouden medaille op een bepaalde afstand, maar plotseling kreeg ik een heldere ingeving: er zijn maar 3 vrouwelijke winnaars van de Elfstedentocht!

Klasina Seinstra viel af, daar zij in Friesland woonachtig is. Het zou dus Lenie van der Hoorn of Tineke Dijkshoorn, beiden woonachtig in Zuid-Holland, moeten zijn.

Thuis keek ik in een van de boeken van de Tocht der Tochten en inderdaad: in 1986 won Tineke Dijkshoorn-Olsthoorn, de Elfstedentocht. Haar woonplaats: Schipluiden!

Bingo!

En zo werd deze dag voor de tweede keer een heel bijzondere dag voor me. Ik schaats immers niet iedere dag 5 kilometer achter een winnares van de Elfstedentocht aan!

Een bananenschil

In slapstickfilms is het een klassieker: de bananenschil, die ergens rondzwerft, waarna iemand er even later over uitglijdt. Wij hadden dat op de Gouwzee niet eens nodig. Dick van Beelen had geen moeite om door een banaan onderuit te gaan, en zelfs niet eens door een banaan, die op het ijs lag. Al schaatsend bij 't Hemmeland pakte hij een banaan uit zijn rugzakje, waardoor hij even niet oplette en over een opgevroren rand een duikeling maakte.

Nu waren we natuurlijk niet naar Monnickendam gereden voor deze duikeling, maar om nog een keer lekker te kunnen schaatsen. Allereerst hadden Hans van der Plas en ik schaatsles gegeven aan 17 van de 143 kinderen in de Leidse IJshal, waarna we met Dick van Beelen, Hen van den Haak, Jacques Doeleman, Frans van Rijn, Joop van Kleef en Bert Raaphorst naar onze "stamkroeg" "'t Marker veerhuis" waren getuft.

Het blijft een vreemd gezicht. Op alle sloten, die je onderweg tegenkomt, zie je dooiend ijs, maar op de Gouwzee kun je nog gewoon schaatsen.

Het stuk vanaf de haven van Monnickendam was matig, maar richting Marken, waar vanuit 't Hemmeland nieuwe banen waren geveegd, was het over het algemeen prima ijs. Vlak voor Marken kwamen we Roosmarijn en Douwe Kinkel tegen, die ook volop van deze dag met weinig wind genoten.

Vanaf Marken reden we terug naar 't Hemmeland, om nogmaals naar Marken en terug naar de koek en zopie bij 't Hemmeland te rijden voor 8 chocolademelk. Op de terugweg ging Hans van der Plas bij een opgevroren sneeuwrand onderuit. Het beviel hem kennelijk zo goed, dat hij dit binnen een kilometer 2 keer herhaalde.

Inmiddels was het begonnen te dooien. Het ijs kreeg een doffe glans en je zakte er iets dieper in weg met je ijzers. Als het vannacht weer gaat vriezen, is er morgen nog prima te schaatsen op dit deel van de Gouwzee, ook al ben ik er niet bij, omdat ik dan weer een dagje moet werken.

Vlak voor Marken zagen we een brandweerauto met zwaailicht op de dijk staan. Even later zagen we waarom. Een schaatser was ongelukkig gevallen en had vermoedelijk een been gebroken. Met een brancard werd hij van het ijs gesleept. Wij kwamen niet voor het ramptoerisme en reden rustig door naar Marken. Er was genoeg hulp voor deze pechvogel.

Want je kunt ook vallen, zonder dat er wat gebeurt. Dick van Beelen gaf hiervan een prachtig voorbeeld. Vlak voor de haven van Monnickendam was een opgevroren sneeuwrand met daarna een plas water, en precies op deze plek vond Dick het tijd voor een duikeling. Het is, dat Hans van der Plas niet naast hem reed, want zo bleven we verstoken van het Katwijks kampioenschap synchroonzwemmen.

Maar eerlijk is eerlijk: als Katwijkers iets doen, dan doen ze het wel meteen goed. Op de laatste 500 meter ging Dick nog twee keer gestrekt op het ijs.

En daar had hij niet eens een bananenschil voor nodig!

De moraal van dit verhaal

De kop van dit stukje is in mijn kop al 2 keer gewijzigd. Toen de datum voor de 1000 rondjes van Leiden werd vastgesteld, zinspeelde ik op "Vertellingen uit de 1001 rondjes", met een knipoog naar Scheherazade's "Vertellingen uit 1001 nacht". Nadat ik besloten had, dat ik maar 500 rondjes zou rijden, werd mijn werktitel "Vertellingen uit de 1001 bochten".

Maar zoals zo vaak in het leven: het loopt net even anders, als je van te voren bedacht of zelf gepland had.

Volgens planning ging de wekker om even voor half 5 af. Wat dat aangaat leek het op een echte Elfstedentocht. Ik had toestemming van Jaap de Gorter om hem op kwart voor 5 op te bellen, maar hij was al wakker. "Bert, op jou kan ik rekenen", was zijn commentaar. Ik fietste naar de IJshal, waar ik het hesje met nummer 2 om deed, waarna de kluunschaatsen aan de beurt waren.

Om half 6 volgde er een kort interview met Henk Angenent. Door de galm in de microfoon volgde wat Neerlands Hoop ooit betitelde als "een onverstaanbaar goede show".

Het startschot werd door de winnaar van de Elfstedentocht van 1997 gegeven onder de trap, waar Karel de Jong net overheen hing om de klok aan te zetten. Gelukkig voor Karel was het startschot een losse maar luide flodder.

Daar ik me voorgenomen had om mij te sparen voor een eventuele Elfstedentocht in januari 2011, zou ik "slechts" 100 km schaatsen. De snelste tijd, die ik op de 100 km had staan, lag dik boven de 4 uur: 4.28 was de snelste, die ik heb kunnen traceren. Als doelstelling voor deze dag had ik dus een tijd onder de 4 uur. Met 20.17 op de eerste 10 km en 40.20 op de 20, was er toch wel sprake van een vliegende start. Met een verbeterde schaatstechniek kon ik, met Jaap de Gorter, die mij 3 rondjes gelapt had, in mijn kielzog, de snelheid tot de 30 km goed vast houden. Toen kreeg ik het bewijs, dat ik eindelijk, na meer dan 30 jaar trainen, ben toegetreden tot het gilde der échte schaatsers.

Veel schaatsers krijgen pijn in de rug, doordat ze diep zitten. Bij mij gebeurde dat ook, toen ik de 30 km gepasseerd was. Een pijnscheut schoot door mijn onderrug. Even rechtop rijden en een paar rondjes ontspannen. Daarna kon ik, na een korte eet- en drinkpauze, in een iets rustiger tempo mijn weg vervolgen. Ging het eerste uur met een gemiddelde snelheid van 29 km, de familie Fugers en vooral Mart Moraal gingen nog een stuk harder. Toch verloor ik weinig tijd op hen, daar ik veel kortere pauzes hield. Dat werkte zo ver door, dat ik op 340 ronden zat, toen Jos, Bart en Ivo Fugers gezamenlijk finishten na 333 rondjes. Volgens Bartjens...

De groep met Hans van der Plas en Willem van Vliet had ik inmiddels diverse keren gedubbeld, net als Kobus Turk, die ook een mooi gelijkmatig tempo reed. Ondanks de 2 dweilpauzes dook ik met 3.45.18 dik onder mijn p.r. op de 100 km: 43 minuten.

Jan Pieter Tensen en Aat Dolle lagen, met Mart Moraal daar niet ver achter, met 3.36 een minuut of 9 voor op mij.

Na een plaspauze ging ik nog even 100 rondjes uitrijden. Dit ging zo makkelijk, dat ik er nog 100 aan vast knoopte. Toen ik bij de 700 ronden was, was Mart op 800 ronden. Hij zou er wel komen. Zelf begon ik daar stiekem ook op te hopen. Tot 750 rondjes ging alles goed, maar toen moest ik toch de tol betalen voor de inspanningen in de eerste 100 km.

Ondanks het rustig en zuinig rijden op het rechte eind en de bochten glijdend nemend met twee benen tegelijk, voelde ik, dat ik nu in de verzuring kwam te zitten. Ik besloot om te stoppen. Ik had 50 km meer gereden, dan ik van plan was. Met een tijd van 6.45 was ik overigens wel tevreden.

En hier zitten we dan meteen bij de vooraf bedachte koppen: 750 rondjes zit precies tussen 1000 rondjes en 1000 bochten in. Ik zag Mart Moraal finishen in 7.17, niet ver achter het team van Jaap de Gorter, Andrea Landman, Marco Tiller en Jos Drabbels, die de 200 km in estafettevorm binnen de 7 uur volbrachten. Achteraf had ik de 1000 rondjes zonder problemen ook vol kunnen maken, maar dan had ik uiteraard veel rustiger moeten beginnen. Maar soms moet je in het leven een keuze maken en mijn keuze viel op geen enkel risico nemen met het oog op een mogelijke Elfstedentocht. En pas achteraf valt te zeggen, of je de juiste keuze hebt gemaakt.

Indien je jezelf bij het schaatsen van 1000 rondjes aan gort zou rijden, en de tol moet betalen tijdens de Tocht der Tochten, dan vergeef je het jezelf nooit van je leven. Komt de Elfstedentocht deze winter niet, dan blijf je het gevoel houden: had ik maar.... Je moet echter gewoon achter je keuze gaan staan. De Engelsen kunnen het dan zo mooi zeggen: "It's no use to cry over spilt milk!"

In ieder geval was dit een prima afsluiting van een "trainingskamp" van bijna 2 weken op de Gouwzee. We hebben daar alle soorten ijs en weersomstandigheden gehad, van sneeuwstorm tot freewheelen op spiegelglad ijs. We hebben gebikkeld en rustig op techniek gereden. En Oudejaarsdag paste precies in dit rijtje: 100 km hardrijden en 50 km juist heel rustig.

Ik heb nu dezelfde trainingsopbouw gehad, die me in maart voor het eerst van mijn leven op het erepodium bracht bij de Run-Skate-Run: zeer veel trainen op natuurijs, terwijl de geplande piek bij de Nierstichting Elfstedentocht achterwege bleef. Een ideaal schema om in vorm te komen. Ik ben in ieder geval klaar voor de Elfstedentocht. Helaas zijn de weergoden dat niet.

Nadat Jos Arts, de voorzitter van de IJshal, mij het certificaat van deelname, mede gesigneerd door Henk Angenent, had overhandigd, fietste ik in dooiweer naar huis. Thuis gekomen keek ik, gewoontegetrouw in de wintermaanden, op diverse weersites. Dat stemde mij niet vrolijk. Vast winterweer zit er de komende week niet meer in. En als het tegenzit zelfs de eerste weken niet, al blijft de kou wel in de buurt. De wind hoeft maar wat te draaien....

Na mij thuis gedoucht te hebben, fietste ik weer naar de IJshal, waar ik net de finish meemaakte van Willem van Vliet, de met nummer 6 rondrijdende Meiboom en Hans van der Plas, die er volledig doorheen zat, maar op karakter binnenkwam met een prikslag.

En dat is precies, wat ik probeerde te voorkomen. Ik ken mezelf een beetje, en als ik dan zo dicht bij de finish zou komen, zou ik zeer diep kunnen gaan. In 2001 is me dat overkomen met de 200 km schaatsen op de Uithof. Anderhalve week later was ik niet vooruit te branden met de wintertriatlon.

Ik neem mijn petje derhalve af voor de 4 individuele deelnemers, die deze Alternatieve Elfstedentocht wél volbracht hebben. En ik wil alle vrijwilligers, die vaak al om half 5 's ochtends in touw waren, bij deze van harte bedanken voor hun inzet bij dit fantastische evenement, dat wat mij betreft voor herhaling vatbaar is. En niet alleen de schaatsers, maar ook de toeschouwers, met onder hen zeer veel bekenden, die de hele dag door in wisselende samenstelling kwamen kijken, hadden een leuke dag gehad. Tot slot van deze leuke schaatsdag werd het bedrag bekend gemaakt, wat voor het gehandicaptenschaatsen bijeen gereden is: € 6.155,-.

Ik wil dit verhaal beëindigen met de moraal van dit verhaal. Als goed katholiek gebruik ik daarbij natuurlijk wel een dubbele moraal.

De eerste is: met wijsheid achteraf is het altijd makkelijk om dingen te beoordelen.

Had ik maar dit, had ik maar dat....

De tweede is: Mart Moraal is een uitstekende schaatser. Daar ik hem al meer dan een kwart eeuw op dinsdagavond in het snelste groepje in de IJshal rond zie rijden, vaak op kop sleurend, wist ik dit natuurlijk allang.

Een uitstekende proeve van bekwaamheid leverde hij in februari, toen hij mij gedurende 5 minuten al schaatsend met vaste hand filmde op de Gouwzee.

Na 23 jaar ben ik mijn enige baanrecord, op één dag 120 km schaatsen in de Leidse IJshal op Oudejaarsdag 2010 kwijtgeraakt. Het is bij Mart Moraal in goede handen!

Elektronisch patiëntendossier

In de politiek wordt zeer moeilijk gedaan over de privacy in het elektronisch patiëntendossier. Op dit blog doe ik daar, uiteraard met in mijn achterhoofd dat de direct belanghebbenden er geen nadelige gevolgen van mogen ondervinden, iets minder moeilijk over. Zelf was ik zondag licht grieperig, Hans van der Plas meldde mij op donderdagochtend in de Leidse IJshal, dat hij dezelfde pijntjes in spieren in het hele lijf had. Een dag voor we mee zouden gaan doen aan de uitdaging van 24 uur schaatsen voor de Nierstichting is dat niet iets, waar je reikhalzend naar uitkijkt. Zelf kreeg ik op donderdagavond last van mijn keel. Ik ging wel bijtijds naar bed, maar ik lag meer te malen dan te slapen. Voeg daarbij de weersverwachting, die voor vrijdag regenbuien en voor zaterdag veel regen en vrij hoge temperaturen aangaf en het was duidelijk: een ideale voorbereiding is anders. IJsstrijd zou voor ons een echte ijsstrijd worden.

Ik had de rozenkrans, die ik van mijn moeder heb gekregen, omgedaan. Als de lichaamskracht te kort schiet, en dat verwachtte ik eigenlijk wel een beetje, dan komt het aan op geestkracht.

Mijn moeder is uiteindelijk overleden aan niet goed werkende nieren, waardoor langzaam maar zeker haar lichaam vergiftigd werd. De laatste 12 jaar van haar leven moest ze om de paar jaar wel een keer opgenomen worden in het ziekenhuis voor deze klachten. Klagen deed ze echter nooit. Opgewekt als ze altijd was zei ze dan: "Ik krijg weer een onderhoudsbeurt!" Met nog steeds lichte spierpijn stond Hans van der Plas, zoals een goed Katwijker betaamt, volgens afspraak om 9 uur bij ons op de stoep. De 4 tassen werden ingeladen en met Hans en zijn vrouw Tineke gingen we op weg naar Biddinghuizen voor ons ongewisse avontuur.

Alles zat onderweg mee en om half 11 waren we al bij Flevonice.

We waren er voor de organisatie van IJsstrijd. Geen probleem: we werden gratis binnengelaten en konden onze schaatsen aan gaan trekken in de mistige Flevopolder.

Om 5 voor 11 maakten we onze eerste slagen op het natte, maar spiegelgladde ijs. Met de Herzog compressiekousen, die ik vorige week gekocht had. Ik was benieuwd, hoe ze zouden werken.

Het eerste rondje ging vrij rustig. Hans moest zijn spieren even losrijden. De tweede ronde van 5 km ging al een stuk sneller.

We hadden veel geluk met de weersomstandigheden. De plekken met een zachte, aangeslagen bovenlaag werden steeds kleiner. Ook al stonden er soms grote plassen, het ijs eronder was keihard!

Na de tweede ronde kwamen we Jan van Schie tegen, die gezien de weersvoorspelling van zaterdag had besloten om ook naar Flevonice af te reizen.

Nu had je in de jaren '70 een amusementsprogramma onder de titel "Wie van de drie". Drie personen zeiden een naam en de 4 panelleden moesten raden, wie de echte persoon met die naam was.

Bij Jan van Schie zouden ze het knap moeilijk hebben gehad: via de Leidse IJshal ken ik 3 personen, die luisteren naar de naam Jan van Schie....

Om u alvast een tip te geven: deze Jan van Schie is herstellende van een heupblessure. Door de opgelopen conditieachterstand kon hij het gammele duo helaas niet bijhouden. Wij hadden graag met hem op geschaatst, maar voor vandaag hadden we andere doelen.

We kwamen lekker op stoom. Om beurten namen we een rondje kopwerk. Zoals gebruikelijk stond er in de polder vrij veel wind. Tegen de wind in ga je dan diep zitten, met de wind mee rij je dan rechtop om zoveel mogelijk meewind te vangen en vooral om je rug te ontlasten.

Om 5 over half 2, met al 11 rondjes op de teller, gingen we ons inschrijven bij Astrid Westerink, die had gezorgd voor een prima organisatie van dit evenement. Ik mocht kiezen uit nummer 183 of 184. Nu is 184 deelbaar door 23, mijn geluksgetal, dus dat leek me een goed plan. Vorig jaar had ik nummer 39, 3 x 13. Nou, dat heb ik geweten!

We namen tot 2 uur pauze voor een hapje, een drankje en een plaspauze, zodat we om 2 uur klaar stonden voor het officiële startschot van de 24 uur van IJsstrijd.

Het startschot zou worden gegeven door niemand minder dan Jan Roelof Kruithof, elfvoudig winnaar van de Alternatieve Elfstedentocht en nog steeds wereldrecordhouder 24 uur schaatsen met 655 km en 700 meter.

Ik had zo'n vaag idee, dat wij daar vandaag niet aan toe zouden komen.

Desondanks marcheerde het tegen alle verwachtingen in behoorlijk goed. Ook al werden we regelmatig ingehaald door een groep van 5 man, met Alfred Knikker als de grote motor, wij reden ook stug door. En dan komt ineens het langverwachte omslagpunt: je bereikt de 100 km. Vanaf dat moment kun je gaan aftellen.

Dat deden we dan ook met graagte, want Hans begon zijn rug te voelen. De lichten op de baan werden aangedaan en wij konden in het donker doorrijden tot 120 km. Een prima voorbereiding op de echte Elfstedentocht trouwens. Op een gegeven moment zagen we iets, wat je in de vrije natuur niet iedere dag ziet.

Op een houten paal pal langs de ijsbaan zat een uil. Toen we een meter of 4 bij hem vandaan waren, vond hij dat kennelijk toch te link en vloog hij weg.

Mijn kluunschaatsen begonnen bot te worden. Gelukkig had ik nog een paar reserve-ijzers bij me, die ik onderklikte, terwijl in de hal van Flevonice mijn botte schaatsen werden geslepen. Hans begon door de rugpijn langzamerhand aan opgeven te denken. Bij mij was daar absoluut geen sprake van. Vorig jaar heb ik de 200 km bij IJsstrijd niet kunnen voltooien en met de 1000 rondjes van Leiden heb ik me ten onrechte lopen sparen. Toen was ik in topvorm, nu niet. Koste wat kost wilde ik voorkomen, dat ik voor de derde keer op rij de Alternatieve Elfstedentocht niet uit zou rijden.

Hans besloot de 150 vol te maken en ik nam alle kopwerk voor mijn rekening. Het koste me geen enkele moeite. Ooit heeft Jaap de Gorter mij zo naar de eindstreep op de Bonkevaart geloodst en goede dingen moet je met anderen delen. Vandaag was ik aan de beurt om met krachten te smijten. Onvermoede krachten trouwens.

Na 150 km haalden we weer een stempel en Hans besloot er nog een paar rondjes aan vast te knopen. Prima: samen schaatsen is een stuk gezelliger dan in je eentje. Mijn rechterknie begon wat te protesteren en de laatste 50 km heb ik met pijn in die knie gereden. Een zeurende pijn, maar dat hoort er nu eenmaal bij. Als je een Alternatieve Elfstedentocht wilt rijden, moet je kunnen afzien.

De paar rondjes, die Hans in gedachten had werden er weer 5, zodat we op 175 km waren beland. Bij de Elfstedentocht zit je dan ter hoogte van Dokkum. Dan moet er wel iets heel bijzonders gebeuren, wil je dan nog opgeven. Dat deed mijn trainingsmaat niet, ook al gaf hij aan, dat we wel moesten temporiseren. Dat deden we. Zodoende "verloren" we op het laatste stuk een minuut of 10 op het vorige tempo, maar we waren om 5 voor half 10 binnen, een half uur voor op ons snelste schema. Waar ik zondag gammel was en Hans donderdag, hadden we op vrijdag de 200 km voltooid. Zonder inzinking!

Moe maar voldaan stapten we de kantine van Flevonice binnen

voor een welverdiende warme chocolademelk en een overheerlijk biertje. De vochtbalans moest een beetje hersteld worden. Alvorens hij met Tineke met de auto doorreed naar hun hotel in Harderwijk, zette Hans mij tegen elven in Harderhaven af bij mijn zwager Anton, zijn vrouw Annemarie en hun zoon Jesse, waar we tot half 2 gezellig met elkaar zaten te kletsen, ook over de compressiekousen en over het wonderbaarlijke herstelvermogen van een goed getraind lichaam.

Tot zover dit medisch communiqué.

Ereronde met DE EREGALERIJ

Zoals gebruikelijk sliep ik slecht na een Alternatieve Elfstedentocht. In het vooronder van "'t Is net oars" ben ik om een uur of half 3 in slaap gesukkeld om om kwart voor 5 al wakker te worden. De slaap wilde niet meer komen.

Deels komt dit door de afvalstoffen, die in je lichaam rondzwerven, deels omdat ik 3 blikjes energiedrank met cafeïne op heb om de vetverbranding goed op gang te brengen. Ik drink nooit koffie, dus dan werkt de cafeïne extra sterk.

Om 6 uur was ik er al uit om eerst een uur te gaan lezen om aansluitend te gaan ontbijten. Een eenvoudige doch voedzame maaltijd.

Dan had Hans het in het hotel in Harderwijk, met zalm bij het ontbijt, toch wat luxer.

Volgens afspraak had Hans om half 9de wagen voorgereden in Harderhaven en konden wij op weg naar Flevonice voor het tweede deel van onze 24 uur. Om 9 uur wilden we op het ijs staan, want het startschot van IJsstrijd was de meest bijzondere, die er is: Henk Angenent, Reinier Paping, Jan van der Hoorn, Jeen van den Berg, Evert van Benthem, Lenie van der Hoorn, Tineke Dijkshoorn, Klasina Seinstra en Wobkje Hutting-Kooistra, alle nog levende Elfstedentochtwinnaars waren aanwezig! Om 5 voor 9 reden we op de 400-meterbaan naar de startstreep, waar kersverse wereldkampioene allround, Ireen Wüst, het startschot zou lossen.

Ik kwam Tineke Dijkshoorn tegen, waar ik op de Gouwzee 5 km aan had gereden. Met haar raakte ik in gesprek, zodat ik op de tweede rij kwam te staan, terwijl een hele batterij persfotografen foto's stond te maken van deze unieke rij schaatsers. Het is bijzonder, als je wereldkampioen wordt, het is nog bijzonderder als je Olympisch kampioen wordt, maar de Elfstedentocht winnen is toch nog een treetje hoger!

Hier stond dus DE EREGALERIJ van het schaatsen op nog geen halve meter bij mij vandaan. Zeer veel foto's waren genomen en enkele verhalen waren verteld, waaronder dat van de Elfstedentocht uit 1941. De toen 16 jaar oude Wobkje Kooistra was de eerst binnenkomende vrouw: "De volgende ochtend moest ik wel gewoon koeien melken!" Volgens planning zou Ireen Wüst het startschot geven. De eerste keer lukte het niet. "Valse start", riep ik meteen. De tweede keer lukte het wel. Tineke Dijkshoorn reed als eerste weg en ik reed meteen achter haar aan. Hans van der Plas volgde me, net als IJVL-lid Jan Annard, die ook meedeed aan IJsstrijd.

Bij het bruggetje keek Tineke Dijkshoorn om: er zaten geen andere Elfstedentochtwinnaars achter haar. "Je hebt ze allemaal eraf gereden", merkte ik op. Tineke liet zich even afzakken, ik kwam op kop van het treintje. Een kilometer verder was het Elfstedentochtteam compleet, vlak achter mijn rug. Deze eenvoudige toertochtschaatser reed daar, na het voltooien van de Alternatieve Elfstedentocht van gisteren, gewoon op kop van de groep met alle nog schaatsende Elfstedentochtwinnaars. Met recht een ereronde met DE EREGALERIJ!

Het ging, met 200 km nog in de benen, verbazingwekkend makkelijk. Tot mijn stomme verbazing bleef ik de hele ronde op kop van deze groep en de tweede ronde ook, terwijl er vanuit de wagen op de weg naast de ijsbaan druk gefilmd werd met een hightech-camera.

Hans kreeg weer last van zijn rug en ging van het ijs af om zich te laten masseren.

Ik raakte nog even in gesprek met Henk Angenent, alvorens ik in mijn eentje weer op weg ging voor mijn derde ronde.

Aan het eind van deze derde ronde kwam ik achter een vrouw te rijden, die een mooie slag had, maar te veel met haar punten afzette. De schaatstrainer in mij wees haar hier op, toen wij een

kopje bouillon tot ons namen. We raakten aan de praat en reden een paar rondjes samen. Annemieke Huisman bleek uit Oud-Ade te komen en een echte liefhebber van natuurijs.
Bij een van deze rondjes moesten wij hartelijk lachen om een jochie van een jaar of 6 in een Farmers4all-trui, die we al een keer eerder hadden ingehaald. Bij het punt, waar je de 5 km kunt verkorten tot 3 stond zijn vader te gebaren dat hij hier naar rechts moest. Zoonlief met nummer 263 was dit punt al gepasseerd en schaatste stoïcijns door met een blik van "Je kan me nog meer vertellen...." Waar ben ik die karaktertrek eerder tegengekomen?
Zijn naam weet ik niet, maar nummer 263 komt er wel!
Op een gegeven moment kwamen we Lex, de man van Annemieke, tegen. Gedrieën reden we nog een paar rondjes van 5 km. Het ging zo makkelijk, dat het idee postvatte, dat ik wel eens de 100 km vol zou kunnen maken vandaag.
Dat bleek echter een misvatting. Na een kleine 45 km schaatsen ging ik even naar de w.c. Daarna was het ineens over en uit met me. De man met de hamer had me weten te vinden.
Hans van der Plas was inmiddels ook weer op het ijs en we waren elkaar op de 5 kilometerbaan constant misgereden.
Op karakter maakte ik de 50 km vol, net als mijn Katwijkse trainingsmaat. We hadden er 250 km opzitten en vonden het om 12 uur welletjes. We hadden alles gegeven. Meer zat er simpelweg niet in.
In de kantine van Flevonice namen we een warme chocolademelk met slagroom. We wachtten, praatten en rustten tot kwart voor 2, toen we ons weer naar de 400-meterbaan begaven, waar om 2 uur de finish was van de 24 uur.
Startnummer 183 en 184 kwamen het ijs weer op voor het rijden van een enkel ererondje. Het werden er een stuk of 5 waarmee ik uitkwam op een totaal van 253 km, zeer toevallig 11

x 23. De echte ereronde was echter voor Alfred Knikker, die 555 km had afgelegd in 24 uur! Wat dat aangaat zijn wij maar mietjes. De laatst binnenkomende was iemand uit de ploeg Farmers4all, die ook de 500 km vol maakte. Net zo veel als Hans en ik samen.

Niet lang daarna stonden we onder de douche, alvorens deze "bikkels van de 24 uur" zich in de kantine achter de schermen lieten masseren. Ik hoor een enkeling al denken: "Een schelm achter het scherm!"

Ik moet zeggen: de massage was een overweldigende ervaring. Welke man droomt er niet van, dat hij eens door 3 jonge vrouwen onder handen wordt genomen.

In mijn geval was het trouwens een kwestie van tijd, dat dit een keer zou gebeuren. Aardig wat vrouwen hebben dit in de loop der jaren al eens tegen me gezegd: "Bert Breed, ik krijg je nog wel een keer!"

Nu was het dan zover. Zes handen waren bezig met mijn rug en mijn benen. Ondertussen speelde een dweilorkest in de kantine "Californian dreaming" van The Mama's & Papa's.

Het was heel bijzonder, dat de hele achterkant van mijn lijf met zorg behandeld werd, maar op een gegeven moment had ik de vreemde gewaarwording, dat mijn linkerkuit pijn deed, terwijl mijn rechterbeen en mijn rug prettig aanvoelden.

Terwijl Hans en ik gemasseerd werden, was er een veiling in de kantine gaande, waarbij gesigneerde jacks bij opbod verkocht werden.

Toen even later Astrid Westerink op het podium werd geroepen voor de prima organisatie, werd er door een man spontaan een bod van € 500,- gedaan, waarop binnen 2 seconden € 550,- werd geboden. Een koopje, als je het mij vraagt.

Om 3 uur was IJsstrijd afgelopen en kwam de minister van Volksgezondheid, Edith Schipper, het voorlopige totaalbedrag van deze actie bekend maken: € 102.555,-.

Wij liepen in de stromende regen naar de auto. We hebben met het weer alle geluk van de wereld gehad. Precies na het sluiten van IJsstrijd gingen de hemelsluizen pas open.

Wat dat aangaat waren het toch twee heel bijzondere dagen, met een tweetal hoogtepunten: het unieke baanrecord van de nog fit ogende Alfred Knikker en uiteraard DE EREGALERIJ. Ik had nooit kunnen denken, dat ik een groep Elfstedentochtwinnaars nog eens uit de wind zou MOGEN houden....

100 jaar Bert Breed

Nee, ik ben geen eeuw oud! Maar mijn vader, eveneens Bert Breed geheten, is precies een eeuw geleden geboren. Hij is op 19 november 2002 op de gezegende leeftijd van 93 jaar overleden. Er loopt dus in ieder geval sinds een eeuw een Bert Breed op deze aardbol rond. Vandaag, 15 november 2009, om precies te zijn in Nijmegen en omgeving voor de 26e editie van de Zevenheuvelenloop.

Zeven jaar geleden lag mijn vader met een kwaadaardig hersentumor in de Mariastichting in Haarlem. Hij was, als trouw katholiek, op zijn 93e verjaardag bediend om een paar dagen later vredig in zijn slaap er tussen uit te knijpen. Daar ik dezelfde naam heb, had ik het kunnen verwachten, maar desalniettemin was het een hele schok toen een paar maanden later de grafsteen was geplaatst: een grafsteen met mijn eigen naam erop! Maar we hadden meer gemeen dan de naam alleen. Een bijzondere speling van het lot had ons allebei laten trouwen op 27-jarige leeftijd en vader laten worden op 28-jarige leeftijd. Daar bestaat in de kansberekening op zich redelijke kans op. Maar niet op het feit, dat we allebei zijn getrouwd met een vrouw, waarvan op 5-jarige leeftijd de moeder was gestorven! En eerlijk is eerlijk: we hebben het allebei getroffen met onze levenspartner: lieve, trouwe, optimistische en vooral ook wijze vrouwen. Kennelijk had ik dat nodig, eerst een wijze moeder en daarna een wijze partner....

Wat dat aangaat ben ik een bofkont. Waar ik het minder mee getroffen had, was botsende karaktertrekken: Bert Breed en opgeven gaat niet echt lekker samen. Komt nog bij dat we beiden met een ietwat driftig karakter gezegend waren. Laat ik het zo zeggen: mijn puberteit ging niet geheel onopgemerkt voorbij! Het doorzettingsvermogen heb ik van mijn vader meegekregen. Waar ik tot mijn 24e in de schoolbanken verbleef, kreeg Bert sr.

van zijn vader op 12-jarige leeftijd te horen: "Jongen, de tijd van spelen is voorbij!" Daar hij zag, dat de boerderij, die hij samen met zijn 2 broers over zou kunnen nemen, te weinig op zou brengen om 3 gezinnen te kunnen voeden, begon hij in de crisisjaren een eigen fouragehandel, de nog steeds bestaande firma B.Breed en Zonen, waar 2 broers van mij nog steeds in werken. Hij deed de boekhouding tot hij dik in de 80 was. Een arbeidzaam leven van meer dan 70 jaar!

Aan luxe hebben we nooit gehecht. Er zijn immers belangrijker dingen in het leven, zoals je uit kunnen leven in je hobby. Bij mij is dat het schaatsen, bij mijn vader was dat het jagen. Hij slachtte zelf het gevangen kleinwild als hazen, eenden, duiven en fazanten. Deze laatste vogel is trouwens het lekkerste van allemaal.

Verder hadden we binnenpretjes gemeen, als we weer eens een geintje bedacht hadden. Bij mijn vader verraadden de pretogen, dat je op je hoede moest zijn om niet in de maling te worden genomen. Nu is het lastig om jezelf op pretogen te kunnen betrappen, maar vermoedelijk lijd ik aan dezelfde "kwaal".

Toen mijn moeder in 1991 op 79-jarige leeftijd overleden was, stortte mijn vader zich op het fietsen. Op 88-jarige leeftijd reed hij op een fiets met 5 versnellingen nog rustig een rondje Haarlemmermeer, met het fietsen vanaf en naar Nieuw-Vennep erbij toch dik 70 km. Ik teken er blind voor, als ik dat op die leeftijd nog kan.

Maar goed, om mijn lichaam fit te houden, zodat ik ook op hoge leeftijd nog kan blijven sporten, ging ik met de trein naar Nijmegen. Daar zeer veel lopers met de trein gingen, had je meteen contact met wildvreemde sporters. Een kleine 2 uur praatten we honderduit over allerlei sportervaringen. Het regende onderweg nog behoorlijk, maar in Noviomagus aangekomen was het net droog geworden. Na een half uurtje ingelopen te hebben, begaf ik me naar het oranje startvak. Terwijl wij heel langzaam richting startlijn bewogen, hoorden we hoe de Afrikanen weer te keer gingen. Na 7 km zaten ze onder het schema van het wereldrecord. Voor ons trouwens een mooie opsteker: de omstandigheden waren dus uitstekend!

Daar ik met een hardloper uit Zwolle aan het kletsen was, vergat ik te kijken, hoeveel minuten over 1 ik over de startstreep kwam. Het was dus lang ongewis voor mij, op welk schema ik zat. Wat ik wel wist, was dat het lopen erg makkelijk ging. Voor mij was het één grote inhaalrace. Vooral heuvelop ging het erg makkelijk.

Het was trouwens erg mooi in de bossen rondom Nijmegen. De helft van de bomen zat nog in blad en alle herfsttinten waren te bewonderen. Niet dat je daar veel tijd voor had, want in het bonte lint van lopers moest je goed opletten, dat je je voorgangers niet op de hielen trapte. Maar waar het maar even kon, gaf ik mijn ogen toch wel de kost om te genieten van het natuurschoon.

Bij het 10 kilometerpunt kon ik eindelijk een beetje inschatten, wat mijn tijd zou worden. Over het stuk tussen de 5 en de 10 km had ik ruim 23 minuten gedaan. Dat betekende een tijd tussen de 1.10 en de 1.12.

De bewolking begon te breken en de laatste 3 km liepen we in het zonnetje. Er was veel publiek langs de kant van de weg en regelmatig werden we aangemoedigd. Heel wat anders dan het bioscooppubliek bij de marathon van Amsterdam.

Vlak voor de finish, die ging in de brutotijd van 1.32.12, hoorden we dat Tirunesh Dibaba uit Ethiopië met 46.28 een wereldrecord bij de vrouwen had gelopen. Volgens mijn inschatting zat ik toen nog niet eens bij het 10-kilometerpunt! De laatste 5 km waren in ruim 23 minuten gegaan. Daarbij bleef ik nog steeds in het ongewisse over de eindtijd. Na de finish kwam ik, net als vorig jaar, oud-marathonschaatser en Elfstedencrack Haico Bouma tegen. Ik haalde mijn tas met kleren op in de parkeergarage met steile helling. Dan heb je net 7 heuvels beklommen, maar deze steile helling is toch de meest pijnlijke van allemaal, temeer daar ik in de eindsprint een bilspier had verrekt.

Op het station van Nijmegen kwam Peter Zwart, die 1.06.41 had geklokt, op mij afgelopen. Met hem reisde ik terug naar Amsterdam, waardoor we elkaar weer bij konden praten, o.a. over de marathon van Amsterdam, die hij met een paar gekneusde ribben gelopen had, nadat hij tijdens zijn laatste training was aangereden door een fietser, die daar helemaal niet mocht rijden. In Mokum verliet Peter de trein, terwijl ik via Haarlem naar De Vink treinde.

Pas thuis kreeg ik de uitslag in een mailtje te lezen: 1.10.45, 8 seconden sneller dan mijn snelste Zevenheuvelenloop. Volkomen vlak: 23.55, 23.36 en 23.12. Ik had dus een uitstekende race gelopen. Maar nog liever had ik natuurlijk gehad, dat in niet naar Nijmegen af kon reizen, omdat mijn vader nog leefde en we vandaag een groot feest hadden gehad ter gelegenheid van 100 jaar Bert Breed sr.

Kopvoddentaks

Met een van Zwarte Piet gekregen chocoladeletter kwam ik thuis van de Leidse IJshal. Ik had daar twee uur les gegeven, eerst voor de buitenschoolse sport, daarna voor de IJVL. Eindelijk had ik tijd om even naar mijn rechter scheenbeen te kijken, waar halverwege een ei op zat. Ik geef het onmiddellijk toe: ik ben op de Vogelplas wezen schaatsen! Maar dat ei heb ik pas gekregen, toen ik in Voorschoten op een gladde weg uit wilde wijken voor een tegemoet komende lesauto, met achter het stuur een vrouw met een hoofddoek.

Geert Wilders zou onmiddellijk spreken van "het Islamitische gevaar" en dat klopte dit keer wel een beetje, want ik gleed onderuit met mijn fiets en de remmende lesauto stopte pas een meter voor me. Zo ver gleed de remmende auto door. Er zijn momenten in mijn leven, dat ik me behaaglijker gevoeld heb. Gelukkig liep het voor mij net even beter af dan met Ada in de zomer en hielp koelen met een coolpack en smeren met spiroflor om het ei tot wat fatsoenlijker proporties terug te brengen. Want vanmiddag had ik ook nog het geluk, dat ik mijn snijvaste scheenbeschermers met kniebeschermers aan had.

De eerste dag op natuurijs begon achter internet, waar om 9 uur op internet dit bericht verscheen: IJsbaan geopend
Hallo Alle de ijsbaan is geopend vanaf 3 december vanaf 10 uur tot 17 uur en van 19 uur tot 22 uur. Ik mailde mijn schaatsvrienden, dat ik om een uur of 10, net als vorig jaar op de eerste natuurijsdag, op de landijsbaan van Voorschoten zou gaan schaatsen. Eerst fietste ik nog naar het stadhuis van Leiden, waar ik mijn nieuwe rijbewijs op ging halen. Langs de met een vliesje ijs bedekte Vliet reed ik naar Voorschoten toe.

Ik zag Bert Raaphorst en Arthur van Winsen al rondrijden. Met Evert Boekhout, wiens tweede keer schaatsen dit seizoen al meteen op natuurijs was, maakte ik het kwartet van de krasse

knarren compleet.
Nu wil het toeval, dat ik een hoofddoek van Time Out, die ik gisteren van Arthur van Winsen had gehad, over mijn bivakmuts had gedaan. Even uittesten, hoe dit aanvoelde bij het schaatsen.
"Zo, heb je een hoofddoek op", kreeg ik meteen naar mijn hoofd geslingerd, "dat gaat je straks kopvoddentaks kosten!"
"Ik ga het nog erger maken", antwoordde ik: "Met deze bivakmuts en de skibril lijkt het wel, of ik een boerka op heb."
Mijn schaatsvrienden werden het tenslotte eens over de volgende sanctie: ik zou een dubbele toegangsprijs moeten betalen om vervolgens van het ijs gehaald te worden en van de ijsbaan verwijderd!
Ik heb maar niet gevraagd, welke sanctie de heren in petto hadden voor oud-wereldkampioene Sylvia Burka (het Engelstalige woord voor boerka).
Desondanks mocht ik met de krasse knarren meeschaatsen op de langzaam maar zeker steeds drukker wordende landijsbaan. Het ijs was op de rechte stukken goed, in de bochten zaten diverse plekken met aangevroren sneeuw, dus die kon je lastig nemen met pootje over. Dan maar wat minder technisch. We reden in een redelijk pittig tempo onder een bewolkte hemel een uur lang onze rondjes. De natuurijsslag hadden we al weer goed te pakken, net zoals het natuurijs ons te pakken had.
Om half 12 dronken we in de kantine koffie en warme chocomel, om daarna een klein uur wat meer op techniek te gaan rijden.
Om 1 uur stopten we en fietste ik nog even door naar de Vogelplas, om te kijken, hoe die er bij lag. Tot mijn stomme verbazing werd er aan de noordkant een baan geveegd door iemand van ijsclub Stompwijk. Het bloed kruipt, waar het niet gaan kan en op deze vorstige decemberdag bond ik mijn ijzers weer onder en reed de geveegde baan van een kilometer lengte 10 keer, met af

en toe een uitstapje naar de vogelkijkhut.
In het midden was het ijs matig, aan de kant van de Kniplaan was het prima.
Terwijl ik aan het schaatsen was, begon het weer eens te sneeuwen. Wat dat aangaat lijkt deze winter een kopie van die van vorig jaar.
Om 3 uur verliet ik de Vogelplas, omdat ik nog twee uur schaatsles moest geven, om op weg naar huis alsnog een ei te krijgen....

Fileklûnen

Voor het eerst in jaren stond in onze omgeving een officiële toertocht op het programma, de Molenviergangtocht, die vanuit Aarlanderveen vertrok. Via een sluiproute, die we per ongeluk hadden, reden we, Hans Boers, René Strelzyn en ondergetekende, naar Aarlanderveen, waar files stonden. In het weiland konden we de auto van Hans parkeren, waarna we ons in gingen schrijven bij Het Oude Rechthuis. Ook daar moesten we in de rij staan.

Met de stempelkaart op zak vertrokken we naar het ijs. Hier was het heel druk, terwijl er nog van alle kanten auto's met schaatsers aankwamen. Om 11 uur gingen we van start. Het eerste stuk van de tocht bevatte veel kluunplaatsen. Met de drukte op het ijs werd het fileklûnen.

Bij een van de eerste boerensloten had ik al in de gaten, dat een tweede ronde er niet echt inzat. Aan de kanten begon er al water op het ijs te komen, zodat de sneeuw die vannacht gevallen was veranderde in een bruine drab.

Op de brede sloten was het prima om te schaatsen, maar de smalle sloten naar de stempelposten, waar we wederom moesten fileklûnen, werden al snel slechter. Vooral de bovenlaag werd door de grote drukte bros. René wist het, komende vanaf de Dikke molen, treffend te verwoorden:"Het laminaat komt los."

Onderweg kwamen we Hans den Outer en Henk Distelveld tegen, die ons vertelden, dat de sloot op de officiële route zeer slecht werd. Daar we aan de rand van de Nieuwkoopse plassen waren, stapten we op een belendende sloot, waarover we naar Zwammerdam probeerden te schaatsen. Het was inmiddels zonnig geworden, maar de weg naar Zwammerdam werd geblokkeerd door een enorm wak. Wij maakten rechtsomkeer en reden naar de Nieuwkoopse plassen, die er in het gefilterde

zonlicht met sneeuw op het ijs en de rietkraag in een oranje gloed sprookjesachtig uit zag. Op het meer waren ze bezig de toertocht voor morgen uit te zetten.
We reden een rondje, om vervolgens naar Meije te rijden, waar we in een café warme chocomel namen. Het was inmiddels aardig gaan dooien. Toen we na een aantal keren klûnen de Meije achter ons konden laten en de Nieuwkoopse plassen weer op reden, zag alles er veel grauwer uit. Veel sneeuw was weggedooid en het schaatste veel zwaarder, doordat je dieper in het ijs sneed.
Na voor de tweede keer over het meer gereden te hebben, begaven we ons maar de Molenviergangtocht, waar we de laatste 3 kilometer op ijs met veel plassen water reden en weer konden fileklûnen. Wat zijn kluunschaatsen op deze dag toch een uitkomst. Bij het eindpunt, na 50 km schaatsen, kwamen we Hetty ten Oever en Shirley Jaarsma tegen, die met ons mee terug zouden rijden naar Leiden. Het ijs was, mede door de regen en de dooi al flink aan gort gereden door de 3000 toerrijders en minimaal 2000 zwartrijders. Dat de inschrijving pas om 1 uur sloot verbaasde me eerlijk gezegd, gezien de conditie van het ijs om 11 uur op sommige sloten. En degenen die niet meer mochten starten? Dat zullen vast wel zwartrijders zijn geworden.....
Ondanks de regen op de laatste 3 kilometer en het fileklûnen hebben we volop genoten van de Molenviergangtocht.

Vaseline

Vaseline is, behalve als glijmiddel bij andere activiteiten, een uitstekend middel ter bescherming van het lichaam tegen bevriezing. En dan gaat het met name om de uitstekende lichaamsdelen: neus, oren, geslachtsdelen, tenen en eventueel vingers. Verder dient de huid, die bloot ligt, veelal alleen het gezicht, ingesmeerd te worden.

Om het nut van vaseline aan te tonen, moet ik eerst even terug naar een stukje biologie. Als het koud is, dan wil het lichaam zo zuinig mogelijk met zijn energie (warmte) omgaan. Dat doet het door het bloed uit de uitstekende en dicht onder de huid liggende lichaamsdelen terug te trekken. Meestal merk je dit, doordat je koude tenen/voeten en vingers krijgt. Gaat dit echter verder, dan worden deze lichaamsdelen gevoelloos. Het gevaar van bevriezing ligt dan op de loer. Zelf heb ik dat in 1997 meegemaakt, toen ik de Elfstedentocht reed bij min 15 en windkracht 6. Als extra windbreker had ik een katoenen trainingsjack over een Ierse wollen trui aan getrokken. Nu was de boord van de mouwen op de polsen gekomen. Katoen neemt veel vocht op, in dit geval zweet. Dit was gaan bevriezen met als resultaat, dat ik, na de tocht in het ligbad blaren op mijn polsen zag komen: tweedegraads bevriezing! En ik had er niets van gemerkt. Dat ligt niet aan mij, dat komt, omdat je van bevriezing, in tegenstelling tot verbranding, niets merkt.

Het nut van vaseline haal ik uit de dierkunde. Diverse dieren, die in poolgebieden leven, waaronder ijsberen, walvissen en zeehonden, hebben geen last van bevriezing, ondanks de ijzige kou. Dit komt, doordat zij een dikke vetlaag onder de huid hebben. Nu kunnen wij geen vetlaag onder de huid aanbrengen, dus doen wij dat op de huid. Met vaseline.

Let daarbij er op, dat je WATERVRIJE vaseline gebruikt, anders zul je alsnog last krijgen van bevriezing.

Het gezicht, de oren en de neus spreekt voor zich. Zorg dat ieder deel van de huid, die aan de buitenlucht is blootgesteld, goed ingesmeerd is. Vergeet de lippen daarbij niet! Het gezicht krijgt, daar je regelmatig tegen de wind in moet schaatsen, ook nog te maken met de windchill-factor: hoe meer wind, hoe kouder het aanvoelt.

De geslachtsdelen zijn, vooral bij mannen, maar niet alleen bij hen, bevriezingsgevoelig. En daarna, als het weer "ontdooit", extra gevoelig door de vele zenuwen, die daar zitten. Dat wil je liever niet meemaken, dus kun je beter van te voren en soms tussentijds een beschermende laag aanbrengen.

De tenen zijn het volgende deel, wat je niet moet vergeten. Legendarisch is het verhaal van de winnaar van de Elfstedentocht van 1929, die als trofee van zijn triomf daarna een glazen pot op de schoorsteenmantel had staan met daarin op sterk water zijn geamputeerde grote teen.

Dit komt mede, doordat de voeten last hebben van een "koudebrug". De ijzers worden letterlijk ijskoud door het contact met het ijs. Door de potjes (bij vaste schaatsen) of het klapmechanisme bij klapschaatsen wordt deze kou doorgegeven aan de schaatsschoen.

En laat zowel het voorste potje als het klapmechanisme nu onder je tenen zitten en de warmte als het ware uit je voeten trekken en je weet meteen, in welke positie je tenen zich bevinden. Een handig hulpmiddel om te controleren, of je geen bevroren tenen hebt, is ze zeer regelmatig te bewegen. Zolang je ze voelt, is het in orde.

Een dun laagje vaseline op je vingers is soms ook noodzakelijk bij lange tochten, bij temperaturen, die dik onder nul liggen of bij veel wind. De vingers zijn wat minder gevoelig voor de windchill, doordat je ze meestal op de rug houdt en je ze, door ze regelmatig te bewegen, wat kunt makkelijker kunt laten doorbloeden, maar het blijven zeer kwetsbare en, door de vele zenuwbanen, zeer gevoelige lichaamsdelen. Fietsen in (strenge) vorst is voor de vingers vervelender dan schaatsen.

Tot slot nog een kleine, maar zeer praktische tip: koop een kleine tube, die je in een zak in je trainingspak of rugzak doet, zodat je altijd wat bij kunt smeren. Vooral je gezicht en dan met name je lippen, kunnen, doordat deze laag bij eten en drinken wat slijt, soms best een laagje extra vaseline gebruiken.

Kruisje

De Elfstedentocht is de tocht van het leven,
alles wat je hebt, zul je moeten geven
om weer bij het beginpunt uit te komen.
Bij de start ben je moeilijk in te tomen
en in de duisternis snel je voort
terwijl je veel ijzer om je heen hoort.
Tijdens de jeugd van deze tocht
wordt het mooie Gaasterland bezocht,
maar vanaf Stavoren zul je gaan bemerken,
dat je voor het einddoel hard moet werken.
Moeizaam beuk je dan in tegen de wind,
achter ruggen, waar je beschutting vindt.
Voorbij Franeker ben je al ver heen
en voelt een krampscheut in je been.
Je hebt de tijd om te overwegen
of genot soms in pijn is gelegen.
Na Dokkum krijg je de wind in de rug
en glijdt snel naar Bartlehiem terug,
maar helaas, op de weg naar Oudkerk
doet de wind nogmaals haar sloperswerk.
Dan strompel je voort zo goed je nog kunt,
terug naar Leeuwarden, naar het beginpunt.
Eén ding is zeker, dat staat als een huis. Je
weet: op de eindstreep wacht het kruis je.

Bert Breed

Proloog	5
Houten haai	6
Halen of falen?	9
De lamme en de blinde	13
Eten	18
Drinken	22
Molentocht	26
Op een mooie Pinksterdag	31
Voor de wind is iedereen een harde rijder	37
20 x 10	42
De onvermijdelijke Erica Terpstra	45
"It kin net"	48
Veiligheid	53
Knieval	57
Vuurwerk aan de Weissensee	60
Elfurentocht	67
Kleding	72
A blessing in disguise	76
Alternatieve Molentocht	79
Pelotonschaatsen	82
Stuifsneeuw	86
Tegenwind	89
Meewind	92
Watervogelplas	95
Synchroonzwemmen	98
Schaatsen	101
Schaatsles voor beginnende schaatsers	105
Een gouden dag op de Gouwzee	107
Dooijsstrijd	111
"Je bent de tweede veteraan"	116
Bikkel	119
Hindernisrace	123

Souplesse	128
Tineke Dijkshoorn	131
Een bananenschil	134
De moraal van dit verhaal	136
Elektronisch patiëntendossier	141
Ereronde met de EREGALERIJ	146
100 jaar Bert Breed	151
Kopvoddentaks	155
Fileklûnen	158
Vaseline	160
Kruisje	163